电子商务推荐系统瓶颈问题研究

李聪 马丽 著

科学出版社

北京

内 容 简 介

电子商务推荐系统是解决信息超载的重要技术。协同过滤作为推荐系统中广泛使用的、最成功的推荐算法，还存在诸如稀疏性（sparsity）、冷启动（cold-start）、可扩展性（scalability）等制约其进一步发展的瓶颈问题。本书针对稀疏性问题，提出了非目标用户类型区分理论、领域最近邻理论、基于 Rough 集理论的用户评分项并集未评分值填补方法等；针对冷启动问题，提出了一种冷启动消除方法，包括用户访问项序理论、n 序访问解析逻辑、改进的最频繁项提取算法 IMIEA、用户访问项序的 Markov 链模型等；针对可扩展性问题，提出了适应用户兴趣变化的协同过滤增量更新机制；最后设计并实现了一个电子商务协同过滤原型系统 ECRec。

本书可供管理学、计算机科学等相关领域和专业的高校师生、科研院所研究人员、IT 企业（尤其是电子商务企业）管理者及技术人员参考使用。

图书在版编目（CIP）数据

电子商务推荐系统瓶颈问题研究／李聪，马丽著 .—北京：科学出版社，2016

ISBN 978-7-03-047158-1

Ⅰ.①电… Ⅱ.①李…②马… Ⅲ.①电子商务–研究 Ⅳ.①F713.36

中国版本图书馆 CIP 数据核字（2016）第 013595 号

责任编辑：刘 超／责任校对：钟 洋

责任印制：徐晓晨／封面设计：无极书装

科 学 出 版 社 出版

北京东黄城根北街 16 号

邮政编码：100717

http://www.sciencep.com

北京九州迅驰传媒文化有限公司 印刷

科学出版社发行 各地新华书店经销

*

2016 年 1 月第 一 版 开本：720×1000 B5

2017 年 3 月第二次印刷 印张：10 1/2

字数：300 000

定价：**88.00 元**

（如有印装质量问题，我社负责调换）

前　言

2009 年 2 月，*Science* 发表社会计算学论文，阐述利用网络数据研究群体社会行为及其演化规律，标志着"社会计算"这门新兴学科正成为国际瞩目的前沿研究和应用热点。在电子商务环境下，如何实现准确、快速的个性化推荐服务是一项历久弥新的、同时也是社会计算领域的重要研究内容。纷繁芜杂的网站商品信息对消费者造成了"信息超载"（information overload），导致其无法准确、快速地定位能满足自身需求的个性化产品。电子商务推荐系统可以帮助消费者提高购买决策的质量和效率，被认为是目前解决信息超载问题的最有效工具，其本质是面向消费者的决策支持系统。

协同过滤（collaborative filtering）作为目前电子商务推荐系统中广泛使用的、最成功的推荐理论（简称协同推荐），其采用的用户兴趣模型是通过搜集消费者对商品的评分来生成的用户–项目评分矩阵，进而模拟人类口碑相传（word of mouth）的推荐过程来实现商品推荐。经过 1992 ~ 2015 这二十多年的发展，协同推荐已在电子商务网站及社交网络、视频/音乐点播等主流 Web 2.0 服务中得到普及，并被成功引入到数字图书馆、在线学习、移动商务、多 Agent 系统、Web Service 甚至核安全评估、医疗等多个领域。但是，评分矩阵会随着网站用户及商品数量的不断增加而迅速成长为一个存在大量空缺元素的高维矩阵，从而给协同推荐带来稀疏性（sparsity，用户所给商品评分通常不及 1%）、冷启动（cold–start，稀疏性的极端情况，也称冷开始）、可扩展性（scalability，庞大的用户和商品数量使得推荐计算极为耗时）等瓶颈问题。其中，稀疏性和冷启动严重影响协同推荐的准确性；可扩展性则使得协同推荐的实时性难以保证。

　　本书正是围绕上述三大瓶颈问题展开研究。我们诚挚希望书中的研究成果能够为促进协同推荐理论的完善及其在电子商务中的应用、推广和普及，以及构建电子商务智能数据挖掘与复杂机器学习系统提供有益参考。

　　最后，本书能够顺利出版，得益于国家自然科学基金青年科学基金项目（编号：71202165）的资助和科学出版社的支持。对此，我们表示衷心的感谢！

李　聪　马　丽

2015 年初冬

目　　录

第1章 绪 论

1.1 问题的提出

随着互联网(Internet)和电子商务的迅猛发展,人类已经进入信息社会时代。中国的电子商务市场发展潜力巨大,同时保持了持续高速增长势头。截至2015年6月,中国网民规模已达6.68亿人,互联网普及率为48.8%,较2014年年底提升了0.9个百分点[1]。《2014年中国网络购物市场研究报告》[2]的数据显示,2014年中国网络零售交易额为2.79万亿元(继续保持全球第一),同比增长49.7%,相当于同期社会消费品零售总额(26.2万亿元)的10.6%;网络购物用户规模达3.61亿人,较2013年增长19.7%;网民使用网络购物的比例从48.9%提升至55.7%;中国网络购物市场依然保持着较高的活跃度,全年交易总次数为173亿次,年度人均交易次数为48次;网络购物金额占日常消费采购支出比例的平均值则为14.2%。

电子商务网站不仅使企业节省了传统经营模式下必要的实体投资成本,而且还拥有一个巨大的优势,即消除了传统店面的商品陈列空间限制,为购物者提供了一个庞大的(也可以说是无限大)商品陈列柜台供其选择。人们通过访问电子商务网站,可以享受足不出户选购商品的快乐和方便。

但是,面对电子商务网站提供的大量商品,顾客无法通过小小的计算机屏幕在短时间内浏览所有商品,并且也缺少现实商店中促销人员的精心导购,从而面临"信息超载"(information overload)[3]。信息超载指网站为用户提供的商品信息量过多,导致其难以迅速找到所需商品,并且在这之前难免会浏览大量不相关信息，从而很容易使用户产生疲劳直至失去购物兴趣并离开。基于上述情况，电子商务网站面临着一个严峻的问题：如何在用户浏览网站时将适合该用户的商品推荐到他／她面前，克服信息超载带来的不利影响，从而促成更多的交易以增加企业销售额？

电子商务推荐系统(E-commerce recommender systems)就是解决信息超载问题的一种方案[4]、一种实现电子商务网站"一对一营销"(one - to - one marketing)战略的技术[5]，可作为网站客户关系管理(customer relationship management，CRM)的有益组成部分[6]。早在1982年，美国计算机学会主席Denning[7]就指出需要将注意力从"制造信息"(generating information)更多地集中到接收信息(receiving information，即控制和过滤信息并使其传到必须使用它们的人)上来。美国学者Pine[8]则指出，现代企业应该从大规模生产(标准化产品)向大规模定制(为多类客户的多样需求提供多种商品)转变，并列出了五种达到大规模定制的方法，其中有四种都能通过电子商务推荐系统来实现，包括"围绕标准化的产品和服务来定制服务"、"创建可定制的产品和服务"、"提供交货点定制"和"提供整个价值链的快速响应"，因此电子商务推荐系统也是电子商务网站进行自动化大规模定制的一条关键途径[4]，它使得网站能适应每一个消费者并为其提供具有个性化的商品展现平台和购物体验。由于用户对自身需求不甚明确时，其注意力并不专注于某特定目标，因此推荐系统所给建议被用户采纳的概率将相对较大。正如Jeff Bezos(Amazon公司CEO)所言："如果我在网络上有300万个用户，我就应有300万个网上商店"[5, 9]。具体而言，电子商务推荐系统的作用表现在三个方面[5]。

(1) 将电子商务网站浏览者转变为购买者(converting browsers into buyers)

电子商务网站的访问者经常只是浏览一下，并没有购买商品的意愿。电子商务推荐系统能够帮助这些浏览用户找到他们愿意购买的商品，从而将浏览者转变为购买者。

（2）提高电子商务网站交叉销售能力（increasing cross – sell）

交叉销售在现代商业中应用非常普遍。通过交叉销售，能够引导用户发现和购买自己确有潜在需求但在购买过程中未曾想到的商品。电子商务推荐系统可以在用户浏览某商品时根据用户购物车（shopping cart）中的商品向其推荐该商品的相关产品，从而提高销售量。

（3）建立电子商务网站客户忠诚度（building loyalty）

赢得客户忠诚度是一项基本的商业策略。在互联网上，用户只需要点击一两下鼠标，便能从当前的电子商务网站转到其竞争对手网站。电子商务推荐系统通过建立网站与客户之间的增值关系（value – added relationship）来提高客户忠诚度。一方面，电子商务推荐系统通过了解和学习客户的兴趣偏好来推荐满足其需求的合适商品；另一方面，客户越多地使用电子商务推荐系统，系统就越能了解其兴趣偏好，从而给出的推荐结果质量越高。这种良性循环一旦形成，将大大增加客户忠诚度，提高客户和网站之间的"黏性"（stickiness）。

许多大型网站早已开始使用电子商务推荐系统[10]，如全球最大的网上书店 Amazon（http：//www. amazon. com）[11]（其1/3 的销售额来自推荐系统[12, 13]）、最大的网上拍卖站点 eBay（http：//www. ebay. com）、最大的网上音乐商店 CDNow（现已被 Amazon 收购）、最大的搜索引擎 Google[14]（在 Google Q3 2006 earnings call[15] 中，Google CEO Eric Schmidt 明确指出向用户提供个性化信息是 Google 的最终使命）、主流门户网站 Yahoo（http：//www. yahoo. com）[16, 17]、最大的中文网上书店当当网（http：//www. dangdang. com）以及搜狐商城（http：//store. sohu. com）、网易商城（http：//mall. 163. com）等。而作为大型在线电影租赁公司，Netflix"3/4 的新订单都来自推荐系统"[12]。

目前，电子商务推荐系统已成为电子商务领域的一大研究重点和热点。从本质上讲，推荐系统属于决策支持系统[18]，帮助在线用户进行购物决策[19, 20]。美国学者 Pennock[21, 22]、Yager[23] 和日本学者 Iijima[24] 等分别从社会选择理论(social choice theory)、模糊集(fuzzy set)、多准则决策(multi – criteria decision making) 的角度对其进行了剖析。协同过滤(collaborative filtering, CF) 是目前电子商务推荐系统中广泛使用的、最成功的推荐算法[9, 25, 26]，但还存在诸如稀疏性(sparsity)[9]、冷启动(cold – start)[9]、可扩展性(scalability)[9] 等制约其进一步发展的瓶颈问题。对于这些瓶颈问题，需要研究和解决的关键问题主要体现在以下方面。

1) 在稀疏性问题研究方面，如何使得目标用户的最近邻搜寻更为准确？

2) 在冷启动问题研究方面，如何对一个没有提供任何评价信息的新用户进行推荐服务，从而在其访问网站的初期便能留住他／她？

3) 在可扩展性问题研究方面，如何使得协同过滤算法能在用户和项目数量不断增长的情况下尽量降低在线推荐所需的响应时间？

由于我国电子商务的推荐功能相对国外存在较大差距[27]，因此如何有效解决上述问题，对于推动和促进我国电子商务推荐系统的研究、应用以及缩小与国外的差距，具有十分重要的理论研究价值和应用价值。本书的研究工作正是基于这样的背景所展开。

1.2　研究目的与意义

本书的研究目的在于通过对协同过滤进行深入研究，提出能够有效缓解或解决协同过滤稀疏性、冷启动、可扩展性等瓶颈问题的相应理论、方法、模型和机制，从而为推动中国电子商务推荐系统的更快、更好发展起到积极的作用。

当前，针对协同过滤瓶颈问题展开研究具有重要的意义，其具体体现在现实应用和理论研究两个方面。

1) 在现实应用方面，随着现代电子商务的迅猛发展，用户和企业都迫切需要有效的电子商务推荐系统。没有客户就没有利润，拥有足够的客户群是企业生存和发展的充要条件。在电子商务环境下，企业面临的主要问题之一就是如何为用户提供个性化程度更高、更符合用户需求的商品和服务。这是电子商务企业价值链的源头和市场营销的起点。但是，由于电子商务网站的商品种类和数量太多，导致用户需要花费较多的时间来寻找自己所需要的商品，因此类似于促销助手的电子商务推荐系统就显得格外有用。通过电子商务推荐系统，可以为用户创造出一个方便快捷的个性化购物环境。用户可能感兴趣的商品将被实时地推送到用户眼前，使得用户能够在尽量少的时间内迅速找到心仪的商品。而电子商务企业也可以基于这种主动的、自动化的、实时的、准确的"one-to-one"销售方式，在激烈的市场竞争中尽可能满足不同顾客对不同商品的个性化需求，以赢得更多的客户，获得更高的销售业绩。因此，电子商务推荐系统研究符合现代电子商务发展的要求，是用户和电子商务企业即买卖双方的迫切需求，具有较高的现实意义。协同过滤作为目前电子商务推荐系统中广泛应用的、最成功的推荐算法，已成为电子商务推荐系统的核心组成部分和主要研究内容。

2) 在理论研究方面，正是现实应用需求的大力推动，使得电子商务推荐系统研究日渐成为国内外学术界关注的热点。电子商务推荐系统中的协同过滤算法作为当前的主流推荐技术，由于其在支持新异推荐（serendipitous recommendations）、处理非结构化复杂对象（视频、图像等）以及推荐质量等方面优于其他推荐技术，更是受到广大研究人员的重视。与此同时，传统的协同过滤算法所固有的稀疏性、冷启动、可扩展性等问题已经成为阻碍电子商务推荐系统发展的瓶颈而需亟待解决。同时，协同过滤不仅仅可以应用于电子商务领域，在群决策（如谈判支持系统[28]）、Web 站点导航[29]、数字图书馆（digital library）[30]、在线学习（E-learning）[31]等领域都有广泛的应用前景。因此，针对协同过滤瓶颈问题展开进一步研究，具有较高的理论研究意义。

1.3 电子商务推荐系统概述

1.3.1 定义及任务

电子商务推荐系统被电子商务网站用作虚拟店员(virtual salespeople)向客户提供商品信息和建议,帮助用户决定应该购买何种商品[5]。电子商务推荐系统作为一种强大的新兴技术,能够帮助用户找到他们喜爱的商品,反过来也提高了电子商务网站的销售额,因此很快成为电子商务网站一种至关重要的工具[32]。虽然目前还没有公认的电子商务推荐系统的标准定义,但众多学者和研究人员给出的说法大同小异。本书综合众多文献的描述,给出电子商务推荐系统的定义如下。

定义 1.1(电子商务推荐系统) 电子商务推荐系统是一套用于电子商务商品推荐的软件系统,通过对能够反映用户兴趣偏好的数据进行统计分析和机器学习,向用户推荐适合其兴趣的商品项或商品项集合,从而将网站浏览者转变为购买者、提高网站交叉销售能力及建立客户忠诚度。

对于电子商务推荐系统的任务(即其需要解决的问题),本书给出如下形式化描述:

Given:
对于电子商务站点 ω,令其商品项集合 $I = \{I_i \mid I_i \in I, i = 1, 2, \cdots, |I|\}$。对于站点用户 $u_a \in U$,U 为 ω 的用户集合,令 $v(u_a, I_i)$ 表示 u_a 对 I_i 的兴趣度,则对于 u_a,存在一个兴趣度函数 F_{u_a} 和有限商品项集合 $I_{u_a} \subset I$,使得

$$F_{u_a} = \underset{I_i \in I_{u_a}}{\arg\max} v(u_a, I_i)$$

式中,$I_i \in I_{u_a}$,$i = 1, 2, \cdots, |I_{u_a}|$。
Goal:
如何求得 I_{u_a}、$v(u_a, I_i)$?

如同其他搜索引擎一样，电子商务推荐系统在实际应用中存在两种可能的错误[33]：一是拒真(false negatives，即错误否定)，即有些用户喜欢的商品未能推荐出来；二是纳伪(false positives，即错误肯定)，即有些不被用户喜欢的商品却被推荐出来。在这两种错误中，最需要避免发生的是纳伪，因为错误的商品推荐将导致用户生气乃至离开站点。电子商务网站通常有用户愿意购买的众多商品，因此没有理由冒险推出用户不喜欢甚至厌恶的商品，宁可推荐得"保守"一点。

1.3.2　用户偏好数据

电子商务推荐系统需要将能够反映用户兴趣偏好的信息作为输入数据以生成推荐结果。真实的用户兴趣偏好信息对推荐结果的准确程度起关键作用。一般而言，用户的注册数据、交易数据、评分数据、购物篮数据、浏览数据等都可以作为电子商务推荐系统的输入，具体可以分为显式评分(explicit ratings)和隐式评分(implicit ratings)两类。

(1) 显式评分

显式评分要求用户向电子商务推荐系统提供自己的兴趣偏好信息，主要是用户对系统给出的推荐项进行反馈和评价，也包括用户注册时提供的人口统计学数据(demographic data)和感兴趣领域。曾春等[34]将其称为显式跟踪。基于用户的显式评分数据，系统能够向其提供有针对性的推荐服务。在实际生活中，用户购买某商品后未必对该商品满意，因此有些推荐系统让用户重新对已购商品给出评价，使得系统能产生更精确的推荐。例如，CDNow允许用户对其已购商品作出"拥有并且喜欢它"(own it and like it) 或"拥有但不喜欢它"(own it but dislike it) 的区分[5]。

但是显式评分也存在若干不足[35]：①用户需要停止浏览和阅读以进行显式评分输入；②如果用户感到不能从提供评分中得到好处，将不会提供评分；③用户浏览的项目大大多于他们所评分的项目；④ 协同过滤要求每个项目都有相当数量的评分才能提供精确的推荐结果。

（2）隐式评分

相对于显式评分，隐式评分具有更高的自动化程度[3]，因为显式评分对于系统用户而言是一个额外负担。隐式评分需要电子商务推荐系统通过自动学习用户行为信息来了解用户兴趣偏好，从而缓解用户评分数据的稀疏性，用户甚至感觉不到推荐系统的存在。曾春等[34]将其称为隐式跟踪。隐式评分包括用户行为分析(查询／访问页面、在页面中搜索文本、保存／删除书签、点击／移动鼠标、拖动滚动条、剪切／粘贴／保存／打印页面、用 E - mail 发送页面等)、Web 日志挖掘(获取页面点击次数、停留时间、访问顺序等)、购物篮数据、购买历史等，系统将这些用户信息转化为反映用户兴趣偏好的数据并应用于推荐生成。例如，GroupLens 系统[3, 9, 36, 37]的研究人员以及 Adomavicius 和 Tuzhilin[38]均指出用户对文档的阅读时间有助于预测该用户对文档的评分；Nichols[39]总结了购买、保存／打印、回复、查询等 13 种隐式评分信息类型，Oard 和 Kim[40]则进一步将可观察的隐式反馈行为归纳为审查(examination)、保持(retention)、参考(reference)三大类；Claypool 等[35]将能够反映用户兴趣的隐式评分信息称为隐式兴趣指示器(implicit interest indicators)并开发了一个 Web 浏览器"Curious Browser"，可以对用户花在网页上的阅读时间以及对网页滚动条、鼠标、键盘等相关操作进行统计分析以推测用户对该网页的兴趣大小，他们通过实验证明用户的阅读时间和在网页上拖动滚动条的次数确实能较好地反映用户兴趣；Yoda 系统[41]则采用遗传算法(genetic algorithm) 来学习用户的访问行为，从而自动调整用户描述(user profile)；此外，客户对商品的退货行为也可认为是对该商品作出了"否定评分"(negative ratings)[4]。

隐式评分的优势在于[35]：① 免去了用户对项目进行评分的开销

（cost）；② 与系统交互的每个用户都能提供隐式评分；③ 能够"免费"收集（gathered for "free"）；④ 各种隐式评分能结合起来生成更精确的评分；⑤ 能与显式评分结合起来提高评分质量，如显式评分有时存在用户评分不能准确反映用户真实兴趣的问题（即"what I say is not what I want"）。但是隐式评分的缺点也非常明显，即相对于显式评分而言它的获取难度偏大，对用户偏好的表征可信度偏低；有研究表明[42]，基于隐式评分的协同过滤算法在推荐质量上比基于显式评分的协同过滤算法要差。因此，目前协同过滤算法仍然主要使用显式评分。不过，随着 Web 数据挖掘技术的不断发展，隐式评分也将越来越多地参与到推荐服务中来。

1.3.3　相关推荐技术

目前，电子商务网站用以满足用户个性化需求的推荐技术主要包括信息检索（information retrieval）、关联规则（association rules）、基于内容的过滤（content – based filtering，CBF）和协同过滤。其中，除信息检索是基于"人找信息"的被动推荐模式外，其他三种都是基于"信息找人"的主动推荐模式。本章在文献[43] 的基础上，对这几种推荐技术做进一步介绍和分析。

1.3.3.1　信息检索

信息检索是最早用于解决信息超载问题的技术，主要满足用户的即时信息需求（即某一次查询请求）。常见的信息检索系统有网络搜索引擎（如Google、Baidu）、图书馆图书检索系统等。信息检索技术在电子商务网站的主要应用如下。

（1）从用户角度看

1）商品分类浏览。商品分类浏览方法是基于主题分类的信息查找方法，它将所有商品及相关信息按商品所属类别划分为若干大类，大类中又分小类，其优点在于既方便网站进行商品信息管理，也符合人们认知事物的习惯，容易被用户接受。但是商品分类浏览方法也存在许多缺点：

其一，许多商品难以明确其类别。随着科学技术的不断发展，交叉学科越来越多，导致相当多的商品难以给出其明确的分类。例如，对于图书《电子商务网站建设》，有的网站将其归入计算机类，有的网站则将其归入经济管理类，从而使得用户逐层浏览的结果是有可能找不到原以为应该属于该分类的商品。

其二，缺乏统一的商品分类规则。不像图书馆藏书有普遍使用的图书分类法，电子商务网站没有统一的商品分类规则，各个网站对商品的分类都是根据自己的需要进行，并且在分类名称上也存在比较大的差异。

其三，商品分类浏览比较耗时。用户必须首先明确自身所需商品的分类，然后逐层查找，而且很多时候用户对自身需求并不明确。

2）关键字查询：关键字查询界面可看作是最简单的一种推荐系统[6]。基本上所有电子商务网站都提供了关键词查询功能，帮助用户在网站内寻找感兴趣的商品。用户可以通过输入目标商品的属性关键词(如商品名称、价格区间、生产厂家、商品品牌、产地等)，在网站中搜索包含关键词的商品信息。关键词查询基于目前成熟的关系数据库系统技术进行，其优点是查全率较高、查询速度快，并且查询不限于特定领域，实现容易，用户使用方便。但是关键词查询的缺点也很明显：

其一，查准率较差。在大型电子商务网站中，用户提交的查询请求通常会由系统返回数以百计的结果，其中用户真正感兴趣的其实只有极小部分，因此用户还需要花费大量时间和精力在返回结果中进行二次乃至多次查找，才能得到自己真正想要的内容。这需要用户能够清楚认识自身需求，对目标商品信息有足够的了解，并熟悉相关的信息检索知识，才能获得较好的查询结果。

其二，个性化程度低。任何用户只要给出相同的关键词，系统都会返回相同的查询结果。

其三，不能实现新异发现（serendipitous finds）。关键词查询方法无法自动识别用户拥有潜在需求的商品，并主动将这些商品向用户推荐。

目前，许多电子商务网站都是将商品分类浏览和关键词查询相结合，允许用户基于某一种商品分类进行关键词查询，从而通过缩小查询范围来提高系统响应时间。总的来说，上述方法都是基于关系数据库并采用结构化查询语言 SQL 实现，其机制如图 1.1 所示。

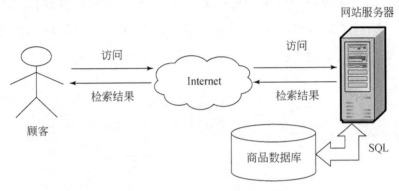

图 1.1　商品信息检索机制

（2）从电子商务网站角度看

在不使用电子商务推荐系统的情况下，电子商务网站能够向用户作出商品推荐的方法则非常有限：

1）编辑／专家推荐。例如，由网站编辑或专家撰写的关于某主题的商品目录及介绍。

2）简单统计推荐。例如，放在网页醒目位置的销售排行榜。

无论是用户使用的商品分类浏览、关键字查询，还是电子商务网站使用的编辑／专家推荐、简单统计推荐，在面对日益增加的商品信息和用户迫切需要在最短时间找到最满意商品之间的矛盾时，都显得难以胜任。

1.3.3.2 关联规则

除信息检索外，关联规则[5, 9, 33, 44]也是目前一些电子商务网站采用的主要推荐技术之一，用于实现交叉销售。关联规则作为数据挖掘领域中的重要技术，已在零售领域应用多年，先根据用户交易数据产生关联规则，再结合用户当前购买行为作出推荐。最典型的关联规则应用是购物篮分析，即通过研究用户购物篮中商品之间的关系，发现同时被频繁购买的商品，从而帮助电子商务网站在用户下订单和付款时向其推荐相关商品。通过关联规则还有助于网站调整商品在页面上的陈列位置。基于关联规则的电子商务推荐系统结构如图 1.2 所示。

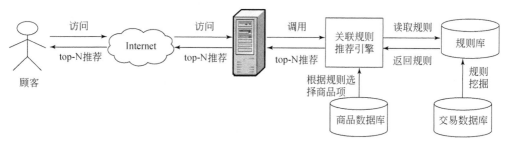

图 1.2　基于关联规则的电子商务推荐系统结构

关联规则的形式化描述如下：设 $I=\{i_1, i_2, \cdots, i_m\}$ 是 m 个项(item)的集合，D 为 I 上的交易(transaction) T 的集合(交易数据库)，交易 T 是项集合且 $T\subseteq I$，每个交易具有诸如交易号(记作 TID)的唯一标识。设 X 是一个 I 中项的集合，若 $X\subseteq T$，则称交易 T 包含 X。一个关联规则是形如 $X\Rightarrow Y$ 的蕴涵式，其中，$X\subset I$，$Y\subset I$，且 $X\cap Y=\varnothing$。规则 $X\Rightarrow Y$ 在 D 中的支持度(support)是交易集 D 中同时包含 X 和 Y 的交易数与所有交易数之比，记为 support($X\Rightarrow Y$)，即

$$support(X\Rightarrow Y)=\frac{|\{T: X\cup Y\subseteq T, T\in D\}|}{|D|}\tag{1.1}$$

规则 $X\Rightarrow Y$ 在交易集中的置信度(confidence)是指同时包含 X 和 Y 的交

易数与包含 X 的交易数之比，记为 confidence($X\Rightarrow Y$)，即

$$\text{confidence}(X\Rightarrow Y) = \frac{|\{T: X\cup Y\subseteq T, T\in D\}|}{|T: X\subseteq T, T\in D|} \qquad (1.2)$$

对于一个给定的交易集 D，关联规则挖掘的目的就在于找出支持度和置信度分别大于用户给定最小支持度阈值和最小置信度阈值的关联规则。典型的关联规则算法有 Apriori[45]、DHP[46]、FP - tree[47]、Tree Projection[48] 等，而基于关联规则的推荐系统则有 e - VZpro[6]。

关联规则的缺点在于它是根据被购商品之间的关系来建立商品项之间的关联，因此对于个体用户的个性化推荐程度不高，Sarwar 等[33] 的实验证明关联规则的推荐效果不如协同过滤。此外，关联规则只能用于选择预测评分最高的前 N 项商品作为推荐集反馈给用户(top - N 推荐)生成，且在数据集高维、稀疏的情况下会导致弱规则(weak rules)[9]。关联规则属于基于规则的推荐系统范畴。基于规则的系统如 IBM WebSphere、BroadVision (www.broadvision.com)、ILOG (www.ilog.com)等允许管理员根据用户的静态特征和动态属性来制定规则(一个规则本质上是一个 If - Then 语句，规则决定了在不同的情况下如何提供不同的服务)，优点是简单、直接，缺点是规则质量很难保证且不能动态更新，随着规则数量的增多系统将变得越来越难以管理[34]。

1.3.3.3　基于内容的过滤

基于内容的过滤在技术方面与信息检索有许多相同点，不同之处在于其满足用户的长期信息需求。基于内容的过滤为每个用户建立用户描述，记录用户所喜好的内容(有些系统还记录用户讨厌的内容)，然后将其与项目(如商品、Web 页面、电影、音乐等)的内容进行比较，把相似度较高的项目推荐给用户，由此提高了推荐的可测量性，并能对推荐结果作出较好的解释。用户描述可以通过系统对用户喜欢的项目内容进行机器学习得到，或者通过用户向系统提供查询语句、问卷反馈等得到。典型的基于

内容的过滤系统有 LIBRA[49]（图书推荐）、CiteSeer[50]（数字图书馆科技文献推荐）、WebMate[51]（Web 浏览和搜索）等。图 1.3 为 WebMate 的系统结构。

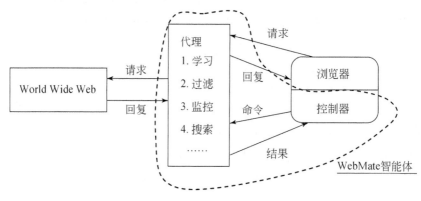

图 1.3　WebMate 的系统结构

但是基于内容的过滤存在两个主要缺点：

1）有限的内容分析（limited content analysis）[38, 41, 52-54]。由于基于内容的过滤要求对象的结构性较好，因此主要用于针对文本资源的过滤处理，而对图像、视频、音乐等结构复杂的、难以体现内容质量等特征的项目无法有效提取其信息进行推荐。即使对于文本资源，基于内容的过滤也只能反映其内容信息而无法判别文本资源的质量等特征。

2）不能提供新异发现（serendipitous finds）[52, 53]／新异推荐（serendipitous recommendations）[10, 55]，即发现除用户描述所表现的用户兴趣之外的用户潜在兴趣并推荐相关商品。基于内容的过滤推荐存在"受描述所限"（circumscribed by the profile）[56]／"过度专门化"（over -specialization）的现象[38, 41, 54, 57]，即系统根据用户描述和项目信息向用户作出的推荐往往限制在与用户以往熟悉内容相似的项目上，不利于挖掘用户潜在兴趣以推荐主题范围更广的商品。但是在电子商务领域，充分挖掘用户潜在需求是促进销售和提升利润率的重要途径。

1.4 国内外研究现状

1.4.1 协同过滤的起源和发展

为了克服基于内容的过滤所存在的缺点，Goldberg 等[58] 首先提出了 "collaborative filtering"[26, 59-61]（也有学者[13, 62] 将最早的协同过滤研究回溯到 Grundy 系统[63]），即协同过滤，也称为协作过滤[34, 64]、社会信息过滤（social information filtering）[52, 53]、 社 会 过 滤（social filtering）[39, 49, 65-69]。与基于内容的过滤（CBF）不同之处在于，协同过滤基于与目标用户有相似兴趣偏好的其他用户对某信息的观点来判断该信息对目标用户是否有价值，进而决定是否将该信息推荐给目标用户，从而缓解信息超载。二者的工作机制比较如图 1.4 所示。

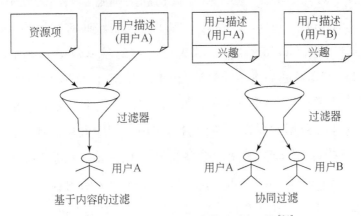

图 1.4 CBF 与 CF 的工作机制比较[34]

因此，协同过滤不需考虑被推荐项目的内容，不仅将过滤对象扩展到所有类型的资源，并且实现了新异推荐，从而成为目前电子商务推荐系统中广泛应用的、最成功的推荐算法。事实上，Zanker 等[70] 通过在真实的

在线古巴雪茄(Cuban cigars)销售数据集(下载地址：http：//isl. ifit. uni
– klu. ac. at)上的实验，验证了协同过滤确实能够在新异推荐上取得好的
结果。

典型协同过滤流程如图1.5所示。

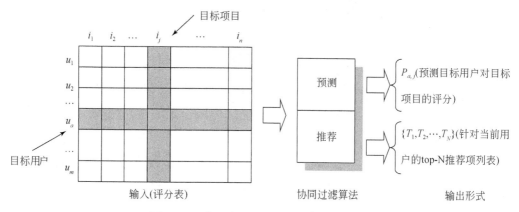

图1.5　典型协同过滤流程[9, 32, 71, 72]

协同过滤研究始于20世纪90年代初期美国施乐帕克研究中心(Xerox
Palo Alto Research Center，PARC)。为了解决用户面对大量E-mail文档而
无法通过邮件列表(mailing lists)和关键词过滤(keyword filtering)等方法
快速获取自己感兴趣资料的问题，PARC开发了最早的协同过滤系统
Tapestry[3, 9, 56, 58, 73, 74]。Tapestry鼓励用户对阅读过的文档给出自己的评
价，采用Sybase数据库保存不断增加的文档和相应的用户评价，其他用户
则可以参考这些评价来决定阅读哪些文档。Tapestry为用户提供了一种查
询语言TQL(tapestry query language)，可以基于文档内容和评价来帮助用
户进行过滤。例如，用户Tom可以要求系统返回用户Joe给予"excellent"
评价且标题包含"information overload"的所有文档。在体系结构方面，
Tapestry采用的是客户机／服务器(Client/Server)架构，如图1.6所示。

但是Tapestry存在两点不足：①推荐并非系统自动完成，而是需要用
户输入文档评价以及使用TQL提交查询信息，增加了用户的使用负担；
②要求用户确定与自己有相似兴趣的用户，由系统根据相似用户的兴趣

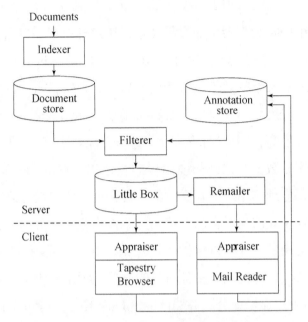

图 1.6 Tapestry 的体系结构[58]

偏好作出推荐,因此只适用于规模较小且相互熟悉的小型用户群(如办公室、研究小组),而这并不适合在 Internet 这种用户群体庞大且相互陌生的环境中应用,因为 Internet 用户很难寻找与自己兴趣相似的其他用户,并且也不愿意花费时间去寻找。类似 Tapestry 这种面向小规模用户群的协同过滤系统还有美国卡内基梅隆大学(Carnegie Mellon University)和莲花公司(Lotus Development Corporation,现已被 IBM 公司兼并)共同开发的主动协同过滤(active collaborative filtering)[56],该系统用于 Lotus Notes 群件系统中,向用户提供电子文档推荐服务。

鉴于 Tapestry 存在的不足,研究人员提出了自动协同过滤(automated collaborative filtering)的概念并实现了第一个自动协同过滤系统 GroupLens[36, 37, 75](http://www.grouplens.org)。

GroupLens 是美国明尼苏达大学(University of Minnesota)于1992年开始研发的一个用于新闻组(Usenet,是最早和最大的 BBS 系统之一)的协同过滤系统[3, 37]，目的是帮助用户从大量文章中找到符合自己兴趣偏好的文章。因为新闻组中每天都会增加大量文章，用户难以找到自己喜欢的文章进行阅读。GroupLens 基于这样的思想：如果用户之间在过去对文章的评价相同，则他们今后对文章的评价也会相同。因此，GroupLens 要求用户根据自己对文章的喜好程度作出评分（GroupLens 采用的是 5 分制评分，5 表示对该文章的喜好程度最高，1 则表示最低），GroupLens 则自动收集和比较该用户与其他用户的评分数据，找到与该用户的相似用户（similar users），然后基于相似用户的评分预测用户对新文章的喜好程度。用户彼此之间不需要熟悉对方的兴趣爱好，只需要对自己阅读的文章作出相应评分即可，并且用户可以采用假名对文档进行评分以保护用户隐私。GroupLens 是一个基于开放式架构的分布式系统，它提供了多种新闻阅读器（如用于 UNIX 计算机的 tin、xrn 和 gnus）向用户显示评分服务器（GroupLens Ratings Bureau）作出的用户对文章喜好程度的预测评分；用户在完成该文章阅读后可以使用新闻阅读器对其作出评分。评分服务器负责收集和传送用户评分数据并进行协同过滤处理。GroupLens 的体系结构如图 1.7 所示。

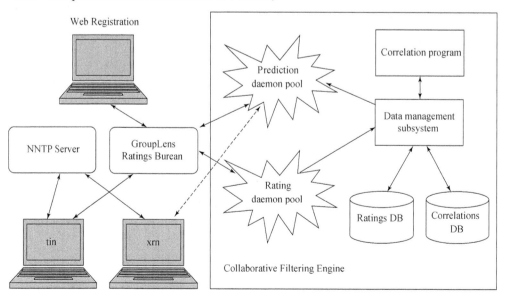

图 1.7　GroupLens 的体系结构[34, 75]

GroupLens 将协同过滤成功地应用于 Internet，由此推动协同过滤在各类型网站得到广泛应用。此外，GroupLens 研究小组的主要成员 Konstan 和 Riedl 还共同创办了 Net Perceptions 公司，致力于在商业领域推广协同过滤推荐系统，并得到了微软（Microsoft）公司创始人之一、第二大股东 Paul Allen 的投资。该公司于 1999 年 4 月在 NASDAQ 上市[76]。美国麻省理工学院（Massachusetts Institute of Technology）的 Maltz[74] 则设计了面向新闻组的大规模协同过滤系统[56, 74]，该系统与 GroupLens 的关键不同在于其对尚未建立用户描述的"探索型用户"（exploratory users）的支持。

继 1996 年 3 月美国加利福尼亚大学伯克利分校召开协同过滤研究会议（http：//www2. sims. berkeley. edu/resources/collab/）之后，美国计算机学会 ACM（Association for Computing Machinery）出版的 1997 年第 3 期 *Communication of the ACM*（其中 Resnick[59] 等正式提出了"recommender systems"即推荐系统的概念）专门介绍了 GroupLens[37]、SiteSeer[77]、PHOAKS[78]、Referral Web[79] 等多个协同过滤推荐系统。之后，关于协同过滤的会议和研究迅速增多。至今，协同过滤已成为当前电子商务领域的重点和热点研究课题之一。微软研究院（Microsoft Research）开发的协同过滤工具也已应用于微软的 SiteServer 商业版[80]。

表 1.1 列举了其他一些协同过滤推荐系统。

表 1.1　协同过滤推荐系统举例

系统名称	推荐对象	研究机构
Web Sphere Personalization（http：//www. ibm. com）	电子商务商品	（美）IBM 公司
Google 个性化新闻[14]	新闻	（美）Google 公司
MAD6[16, 17]	电影	（美）Yahoo 公司
Knowledge Pump[81]	电子文档	（美）施乐公司

系统名称	推荐对象	研究机构
YouTube 视频推荐系统[82]	视频	（美）YouTube 公司
Video Recommender[83]	视频	（美）贝尔通信研究中心
Ringo/Firefly[52, 53, 66]	音乐	（美）麻省理工学院
Fab[57]	Web 页面	（美）斯坦福大学
Jester[84, 85]	笑话	（美）加利福尼亚大学伯克利分校
MovieLens (http：//movielens. umn. edu)	电影	（美）明尼苏达大学
Yoda[41, 54]	Web 资源项	（美）南加利福尼亚大学
Flycasting[86]	音乐	（美）弗吉尼亚大学
EntreeC[87]	餐馆	（美）加利福尼亚州立大学
P – Tango[88]	在线报纸	（美）伍斯特理工学院
Select[68]	Web 文档和新闻	（英）爱丁堡大学
CinemaScreen[89]	电影	（英）萨里大学
RACOFI Music[90]	音乐	（加）加拿大国家研究理事会
Active WebMuseum[91]	艺术画	（法）Eurecom 学院
SOaP[65, 92]	Web 页面	（德）德国国家信息技术研究中心
Smart radio[93, 94]	音乐	（爱尔兰）都柏林大学圣三一学院
MobyRek[95]	旅游	（意大利）意大利波尔扎诺自由大学
DISCORS[96]	在线学习 VoD	（韩）首尔国立大学
协同音乐推荐系统[97]	音乐	（韩）信息与通信大学

表 1.2[43] 采用多个指标对信息检索、关联规则、基于内容的过滤和协同过滤四种推荐技术进行了比较，其中前三个重要指标的解释如下：

1) 自动化程度(degree of automation)[4]。自动化维度范围从完全自动推荐到完全手工推荐,从客户的观点来看,自动化程度取决于客户为了得到推荐系统的推荐是否需要显式的输入信息(如对网站商品的评分),以及输入信息的多少,等等。

2) 持久性程度(degree of persistence)[4]。持久性程度维度范围从完全暂时性推荐到永久性推荐,暂时性推荐全部基于客户的单一会话(session),而不基于这个客户先前会话的任何信息。永久性推荐则基于客户先前的多个会话来确定用户的喜好和厌恶并进而作出推荐。

3) 个性化程度(degree of personalization)[5, 72]。个性化程度用来反映推荐结果符合用户兴趣爱好的程度。

表 1.2　　电子商务个性化推荐技术比较

指标	信息检索	关联规则	基于内容的过滤	协同过滤
自动化程度	低	高	高	高
持久性程度	低	低	高	高
个性化程度	低	低	高	高
推荐模式	被动推荐	主动推荐	主动推荐	主动推荐
用户是否参与	是	否	是	是
能否新异推荐	否	是	否	是
主要缺点	查准率较差	规则质量难以保证	有限的内容分析	稀疏性问题
典型系统	Google	e - VZpro	WebMate	WebSphere Personalization

从表 1.2 可以看到,协同过滤和基于内容的过滤是从总体上衡量最好的两种推荐技术,关联规则次之(例如,在 IBM 数据生成器产生的测试数据基础上,王卫平和吴伦[98]通过实验表明,协同过滤算法在交叉销售上优于传统的 Apriori 算法),最差的是信息检索。不过,在缺乏足够的用户评分数据及商品项描述信息情况下,关联规则将是一个很好的辅助推荐途径。信息检索则应成为电子商务网站提供的最基本个性化服务技术。

1.4.2　协同过滤的瓶颈问题

协同过滤完全依赖于用户评分，通过构建用户 – 项目评分矩阵(user – item ratings matrix)$R(m, n)$(m 为用户数，n 为项目数)，使用统计技术寻找与目标用户有相同或相似兴趣偏好(如对不同商品的评分相似或所购商品相似)的邻居用户，再根据邻居用户对商品项的评分来预测目标用户对其未评分项的评分值，进而选择预测评分最高的前 N 项商品作为推荐集反馈给用户(top – N 推荐)，其基本思想是用户会对邻居用户所喜欢的商品产生兴趣，即基于用户(user – based)的协同过滤(也称最近邻协同过滤)。因此，用户评分数据收集越多，协同过滤算法的推荐质量越高。

但是，由于电子商务站点用户及商品项的数量庞大且不断增加，使得 $R(m, n)$ 成为高维矩阵；同时用户给予评分的商品项很少，通常在1% 以下[9, 32, 33]，导致 $R(m, n)$ 中的评分数据极端稀疏。若评分过于稀疏，将使得协同过滤推荐准确度低于非个性化推荐系统[99-101]。Sarwar 等[33] 的实验也证明数据集评分密度的下降会引起推荐质量的下降。协同过滤的稀疏性(sparsity)问题[9] 由此产生，并成为推荐质量下降的主要原因：

1) 导致最近邻用户难以搜寻或搜寻准确度不高。

2) 最近邻用户过少的评分会导致覆盖率降低(reduced coverage)[9] 问题，即算法无法为某特定用户生成较多商品推荐。

3) 在形成目标用户的最近邻用户集时丢失部分信息。以邻居用户的传递关系[9, 33, 102](也称传递关联[103])为例，假设用户 u_1 与用户 u_2 有较高相似性，而用户 u_2 与用户 u_3 也有较高相似性，但由于 u_1 与 u_3 没有或极少有共同评分数据，因此系统将认为 u_1 与 u_3 之间具有很低的相似性，从而就丢失了 u_1 与 u_3 之间的潜在相似性。

4) 冷启动(cold – start)问题[9, 101]。冷启动问题是稀疏性的极端情况，也称为"第一评价人问题"(first – rater problem)[9, 104] 或"早期评价人问题"(early – rater problem)[88, 105]，具体可分为"新用户问题"(new user problem)和"新项目问题"(new item problem)[38]，即当一个新用户(新项目)进入推荐系统后，由于还未提供(接受)任何项目(用户)的评分，导致系统无法向新用户推荐其可能喜欢的项目或将新项目推荐给可能喜欢它的用户。在协同过滤推荐系统刚投入运行时，每个用户在每个项目上都将面临冷启动问题。"然而对一个电子商务站点来说，在用户与站点交互的早期阶段就能够提供有效的个性化服务对提高客户保留度和客户购买率具有重要作用"[106]。

除了稀疏性问题外，协同过滤还存在可扩展性问题[9]。可扩展性问题是指随着系统中用户和项目数量的增多，算法的计算复杂度急剧增加，导致系统性能不断下降，直接影响推荐实时性。

针对上述问题，研究人员提出了许多改进的协同过滤算法。Breese[107]等将各种协同过滤算法分为两类(Tout 等[108]对文献[107]中的算法作了进一步测试；Huang 等[109]也对多个典型协同过滤算法进行了详细的分析和比较)：

1)基于内存(memory – based)的协同过滤算法，即算法在整个用户数据库上运行得到预测结果，如基于用户(user – based)的协同过滤(即最近邻协同过滤)；

2)基于模型(model – based)的协同过滤算法，即算法先采用机器学习方法(如聚类、贝叶斯网络等)对用户数据进行离线学习以建立模型，然后在线应用建立好的模型进行评分预测和推荐。

基于模型的协同过滤算法虽然相对于基于内存的协同过滤算法节约了模型建立的训练时间，但是无法利用最新的项目和用户信息，因此需要定期重新训练和建立模型(许多此类算法都需要一个冗长的训练周期[110])，而随着商品和用户量增大训练时间也将不断增加，所以更适用于用户兴趣变化较稳定的领域，但这在实际应用中很难得到保证。对于那些只择取少量用户数据作为训练集进行建模的基于模型的协同过滤算法而言，有可能会损失用户之间的差异性并导致算法效果低于基于内存的协同过滤算法[111]。此外，基于模型的协同过滤算法使用了较多需要调整的参数，这阻碍了算法的实际可用性[112]。

因此，尽管国内外研究人员对基于评分矩阵模型的协同推荐算法作了大量优化工作[13, 38, 62, 113-116]，然而"实际效果并不理想，尤其在处理稀疏和冷开始问题上缺乏真正有效的方法"[117]。

1.4.3   稀疏性问题研究现状

随着电子商务网站用户及商品项数量的迅速增长，用户评分数据的稀疏性问题已成为阻碍电子商务推荐系统发展的瓶颈问题之一。众多研究人员陆续提出了各种稀疏性改善技术，本书将其分为设定缺省值、结合基于内容的过滤、降维、图论方法、基于项目评分预测、增加用户 – 系统交互（user-system interaction）六类。

1.4.3.1   设定缺省值

对于降低数据集稀疏性，最简单的方法是对未评分项给定一个缺省值[107]以增加评分项数目。缺省值主要有如下两种设定方法：

1）大多数情况下，缺省值设为中值或稍低的值[102]，也可以设为用户的平均评分（由用户 u 的平均评分代替 u 对其所有未评分项的评分）或项目的平均评分（由项目 i 的平均评分代替所有未对 i 评分的用户的评分）或对前两者进行某种合成[9, 102]。由于用户对未评分项的评分不可能完全相同，因此缺省值方法的可信度不高，而填充所有缺省值及完成推荐的计算量也比较大（特别在用户和项目数量很大的情况下），因此适合于小规模数据库。

2）众数法。孙小华[76]采用众数（mode，指一组数据中出现频率最高的数）法来解决新项目问题，即取目标用户所有评分的众数作为对新项目的预测评分。但众数法存在"多众数"（两个或两个以上的评分值出现次数都是最多）和"无众数"（所有评分值出现的次数都一样）的情况，因此应用局限性较大。

1.4.3.2 结合基于内容的过滤

由于协同过滤完全依赖于用户评分，因此基于内容的过滤可以在用户描述方面弥补协同过滤的不足[52, 90]。具体的结合方式可以分为以下四种[38]：

1）分别运行协同过滤和基于内容的过滤，然后将推荐结果进行某种联合。例如，Claypool 等[88]针对在线报纸推荐系统 P – Tango 采用的线性加权平均。他们首先将用户选择的感兴趣领域(section)、用户自己输入的显式关键词(explicit keywords) 和系统自动根据词频从用户给予高评分的文章中抽取的隐式关键词(implicit keywords) 组成用户描述，然后使用重叠系数(overlap coefficient)M 计算用户描述与用户未读文章之间的匹配度，从而得到一个基于内容的预测结果，再将其与基于协同过滤得到的预测结果进行线性加权生成最终的评分预测结果。

2）将协同过滤和基于内容的过滤集成到一个统一的模型。例如，Si[118] 等提出的结合指数模型的统一概率框架。

3）将协同过滤的部分功能集成到基于内容的过滤。例如，Basu 等[66]将推荐看作是一个分类问题("liked" 或 "disliked")，采用归纳学习(inductive learning) 算法 Ripper 在综合使用项目内容和用户评分数据基础上进行推荐。他们认为该方法具有能够对上述信息进行编码作为问题表述的一部分而不用对算法作任何改动的优势。

4）将基于内容过滤的部分功能集成到协同过滤。这种方式主要借助 agent 技术来实现，如美国斯坦福大学开发的 Web 页面推荐系统 Fab[57] 和明尼苏达大学开发的新闻组文档推荐系统 GroupLens[3, 9, 37, 104, 105]。

Fab 先对用户浏览的 Web 页面进行内容分析以建立用户描述，然后通过比较用户描述寻找目标用户的相似用户进行协同过滤推荐，用户描述则通过用户对新页面的评分反馈得到更新，如图 1.8 所示。

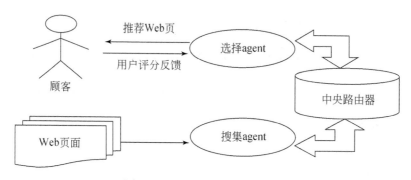

图 1.8 Fab 系统的推荐流程

GroupLens 使用 agent 对文档内容进行分析，将得到的拼写正确性（spelling correctness）、文档长度（article length）等作为评分预测依据，采用半智能过滤 agent（semi – intelligent filtering agents）"filterbots" 对新文档进行自动评分。之后 Park 等[101] 进一步提出朴素 filterbots（naïve filterbots）方法以提高算法鲁棒性和改善冷启动问题。张锋和常会友[119] 认为 agent 方法使用句法特征对未评分项进行评分预测会增加系统负担且应用领域受到限制（Sarwar[9] 也曾指出采用 filterbots 需要大量编程工作且会增加系统计算开销），他们提出的算法是先根据用户评分向量交集大小选择候选最近邻居集，然后采用 BP 神经网络预测用户对未评分项的评分。但是神经网络预测过程会延长最近邻居集的搜寻时间，从而影响算法可扩展性。

总的来说，将基于内容的过滤与协同过滤结合需要更多的资源项信息及相关的相似性度量方法。但在实际应用中，对于前者而言可能难以获取或获取代价较大，对于后者而言则未必存在适用的方法[9, 103]。

1.4.3.3 降维

通过对用户 – 项目评分矩阵进行降维（dimensionality reduction）处

理，可以大幅度降低矩阵规模及稀疏性。目前用于协同过滤的降维技术可以分为简单降维方法、矩阵分解、主成分分析（principal component analysis，PCA）三类。

（1）简单降维方法

比较简单的降维方法，如通过删除没有接受任何用户评分的项和没有作出任何评分行为的用户[120]，或在算法中对购买行为极少的用户、非常流行/不流行的项目不予考虑[11]，都可以在一定程度上缩小评分矩阵，但会使得这部分用户不能得到推荐服务以及这部分项目无法被推荐给有需求的用户。

Zeng 等[121, 122] 提出将用户 – 项目评分矩阵转换为用户 – 类别评分矩阵（图1.9），每个矩阵元素值为相应用户对该类别所有项目评分之和。由于项目类别数远小于项目数，因此可以大幅度降低矩阵维数、增加矩阵数据密度和改善冷启动问题。

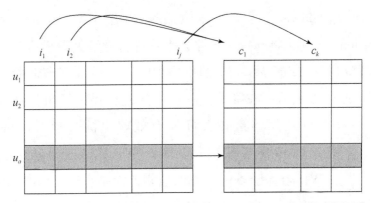

图1.9　将用户 – 项目评分矩阵转换为用户 – 类别评分矩阵

（2）矩阵分解

矩阵分解是一种重要的降维技术，可利用的分解方法较多。Rennie 和 Serbro[123] 将最大边际矩阵分解（maximum margin matrix factorization，

MMMF) 用于协同过滤矩阵降维, 但 DeCoste[124] 指出 MMMF 存在局部极小 (local minima) 及噪声影响等潜在问题, 他采用集成 (ensemble) 方法对 MMMF 进行了改进。Wu[125] 将正则化矩阵分解 (regularized Matrix Factorization, RMF)、MMMF、非负矩阵分解 (non – negative matrix factorization, NMF)[126] 三种算法的输出结果进行集成和平均, 以减少各算法之间的不一致。

其中, NMF 得到研究者的重视, 因其不仅能够有效降低数据维度, 并且得到的分解结果具有直观物理意义 (W 矩阵代表用户的兴趣维度, H 矩阵代表物品的特征维度)[127]。吴湖[127] 等就将加权非负矩阵分解 (weighted NMF) 与联合聚类结合用于协同过滤算法的改进。但 NMF 的缺点也很明显[127]: ①计算复杂度高, 收敛缓慢; ②NMF 的分解结果存在局部最小化的问题, 且与源矩阵的行、列顺序关系密切; ③学习拟合算法是针对整个评分矩阵进行优化, 故考虑了过多非相似用户和非相似物品的冗余评分信息, 导致结果不精确。

Billsus[67]、Sarwar[9, 128, 129] 等使用奇异值分解[130] (singular value decomposition, SVD) 将 $m \times n$ 阶评分矩阵进行分解处理后得到与其最接近的、秩为 $k(k < \min(m, n))$ 的重构矩阵, 然后基于该低阶近似矩阵进行协同过滤推荐, 从而在降低稀疏性的同时也提高了可扩展性, 还可以获取用户和项目之间的潜在关联而有效解决同义性 (synonymy) 问题[33, 41, 54, 102]。之后陆续出现了一些基于 SVD 的改进算法, 包括增量 SVD 算法[131]、SVD 与基于条件概率的项相似性结合[132]、SVD 与人口统计学数据结合[133] 等, 以进一步提高可扩展性和推荐质量。

(3) 主成分分析

主成分分析是统计分析中常用的特征提取方法, 主要用于数据降维。当变量之间存在一定的相关关系时, 主成分分析通过对原始变量进行线性组合, 构成为数较少的、不相关的新变量来代替原始变量, 而每个新变量都包含尽量多的原始变量信息，从而将数据从高维空间映射到低维空间，并使得低维空间中各维分量的方差最大且各维分量互不相关。新变量则称为原始变量的主成分，即数据集协方差矩阵的特征向量。

Goldberg 等[84] 首先将主成分分析用于美国加利福尼亚大学伯克利分校(UC Berkeley) 开发的笑话推荐系统 Jester 中，提出了基于主成分分析的协同过滤算法 Eigentaste。Kim 和 Yun[134] 认为 Eigentaste 要求每个用户对测量集(gauge set) 中全部项目进行评分以运行主成分分析的方法在实际应用中并不可行，因此提出了不需要指定测量集的迭代主成分分析(iterative PCA) 法。Nathanson[85] 等则在后来的 Eigentaste 5.0 中对项目进行 k - means 聚类以及时反映用户偏好的动态变化。Honda[135, 136]、王自强和冯博琴[137] 将主成分分析与模糊聚类(fuzzy clustering) 相结合来预测评分矩阵中的遗漏值(即未评分项)。例如，王自强和冯博琴[137] 先利用具有最小方差的局部主成分把包含有遗漏值的不完备数据集划分成多个模糊聚类，然后通过求解广义逆矩阵来获得各个子聚类的主成分，最后在局部主成分的基础上通过线性方程模型估计聚类中的遗漏值。但算法的数学模型过于复杂，增加了系统实现的难度。

降维技术虽然能缩减用户 – 项目评分矩阵规模，但是也会导致信息损失[103, 138]；降维效果与数据集密切相关，在项目空间维数很高的情况下降维的效果难以保证[139–141]。

1.4.3.4 图论方法

目前，用于协同过滤的图论方法主要有如下三种。

(1) Horting 技术

Aggarwal 等[142] 提出了基于图论的 Horting 技术，图中节点代表用户，节点之间的边代表两个用户之间的相似度，通过在图中搜索近邻节点并综合近邻节点的评分生成推荐。Horting 技术能够访问未对当前商品项作出评价的用户，因此可以探究最近邻算法未考虑的传递关系 (transitive relationship)[5, 9, 32]。

（2）双向图（bipartite graph）

双向图也称二部图、对分网络。Huang 等[103] 根据用户以往交易及反馈数据而采用关联检索（associative retrieval）技术和扩散激活算法（spreading activation algorithm）来探求用户之间的传递关联（transitive association），以缓解稀疏性问题（包括冷启动问题）。他们将协同过滤看作双向图进行研究，一组节点代表项目，另一组节点代表用户，交易和反馈则被模型化作为连接两组节点的链接。不过该方法只限于二进制评分数据。此外，扩散激活算法存在过度激活（over – activation）效应，即合并基于非稀疏以往交易数据的传递关联可能稀释用于推断用户偏好的数据并导致推荐性能下降。

（3）社会网络（social network）

Papagelis 等[138] 指出使用关联检索技术得到的传递关联不能表达关联本身的主观意向（subjective notion），他们提出根据用户对项目的评分活动及信任推导（trust inferences）来建立社会网络（图1.10），从而在无共同评分项的用户之间产生用户相似性的传递关联。

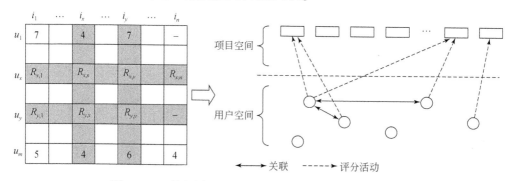

图1.10　将用户 – 项目评分矩阵转化为社会网络

注："–"表示该单元格没有评分

1.4.3.5 基于项目评分预测

邓爱林等[140, 143]在指出用户评分数据极端稀疏情况下传统相似性度量方法存在不足的基础上，采用目标用户 u 和用户 v 的评分项并集 I_{uv} 来计算用户相似性，从而提出了基于项目评分预测(item rating prediction，IRP)的协同过滤算法。IRP 算法增加了用户之间的共同评分项，有效解决了用户评分数据极端稀疏情况下传统相似性度量方法存在的不足，提高了推荐质量。但该算法在目标用户最近邻搜寻方面不够准确；此外算法中还存在不必要的计算耗费，且在寻找未评分项的相似邻居项集合时整个计算工作是在基于全部用户和项目空间的 $m \times n$ 阶评分矩阵上进行，因此对于每个未评分项算法都将扫描整个项目空间(实际的电子商务站点商品项可能多达数万甚至数十万种)，导致算法运行时间大幅度增加，给推荐实时性带来新的压力。

1.4.3.6 增加用户 – 系统交互

增加用户 – 系统交互主要用于缓解冷启动中的新用户问题，基本思想是系统向新用户给出适当的项目集让其评价，从而得到一定量的用户偏好数据以实现推荐功能。

Rashid[144]等指出最直接方式是向其提供若干项目要求用户作出评分，但所选项目是否合适关系到用户评分提供的用户偏好信息量。笑话推荐系统 Jester 4.0[85]则在新用户注册时收集其对系统中 5 个评分最稀少笑话的评分数据，其好处在于能够同时缓解新用户和新项目问题。Kohrs和 Merialdo[145]在 Active WebMuseum 系统中随机选择若干项目让新用户评价，并提出使用项目评分的差异(variance)和熵(entropy)来更有效地进行新用户初评项选择。Yu 等[146]则针对新用户问题采用主动学习方法(active learning approach)向用户提供最具知识量的询问项(most informative query items)集合，以图通过最小的用户努力来获得新用户的用户描述。

由于用户通常不愿意一次完成过多项目的评价，所以推荐系统能够收集到的用户偏好数据非常有限。而且由于评分活动将打断用户浏览进程，增加用户评分工作量，因此容易导致用户产生负面情绪，反而影响其评分的真实性。

以上六类协同过滤稀疏性改善技术的基本思想都是如何有效地增加评分矩阵元素个数和提高矩阵密度。其中，降维技术还进一步缩小了矩阵规模，使得可扩展性也得到增强，提高了推荐实时性。表1.3从稀疏性改善程度、算法推荐质量等方面对这六类技术进行了简要的定性比较。这些技术之间并不相互排斥，各有其优势和不足，因此完全可以将它们进行组合应用，以最大限度地消除稀疏性给推荐质量带来的不良影响。例如，在推荐系统刚投入运行时可采用设定缺省值的方法让系统尽快实现推荐；对于新用户可采用增加用户－系统交互的方法；在进行用户相似性计算时加入基于项目评分预测方法或图论方法；在用户之间缺乏评分项目交集时采用结合基于内容的过滤方法进行相似性比较，等等。

表 1.3　稀疏性改善技术的定性比较

比较项目	设定缺省值	结合基于内容的过滤	降维	图论方法	基于项目评分预测	增加用户－系统交互
稀疏性改善程度	高	高	高	低	低	低
算法推荐质量	低	高	高	高	高	低
算法实现难度	低	高	高	高	低	低
对实时性的影响	低	高	低	低	高	高
用户是否参与	否	否	否	否	否	是
典型算法／系统	用户平均评分	GroupLens	SVD	Horting	IRP	Jester

1.4.4　可扩展性问题研究现状

从协同过滤推荐过程来看，算法在线计算复杂度为 $O(m, n)$ [11, 147]，其中用户相似性度量及最近邻搜寻是最耗时的算法环节。同时，从电子商务推荐系统结构[129]来看(图1.11)，全部推荐计算都在服务器端完成，使得服务器面临巨大的计算量。因此，如何有效提高协同过滤可扩展性是必须予以研究和解决的重要问题。

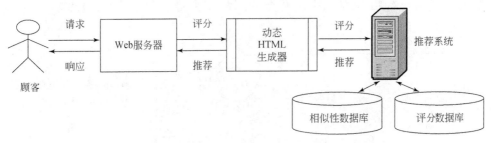

图 1.11　电子商务推荐系统结构

提高协同过滤可扩展性的最简单方法是使用功能更强大的站点服务器和增加服务器数量。但是这一方面需要网站投入更多成本，另一方面 Karypis[25] 和 Deshpande[26] 也指出增加服务器数量虽然能提高推荐算法的吞吐量，但并不能降低每个 top – N 推荐的响应时间，而响应时间对于推荐实时性非常重要。因此，自 1992 年美国施乐帕克研究中心正式提出协同过滤以来，国内外众多研究人员在如何更好地解决可扩展性这一问题上不断探索，并取得了不少研究成果，本书将其分为聚类、概率方法、基于项目、数据集缩减、线性模型、降维六类协同过滤可扩展性改善技术。

1.4.4.1　聚类

聚类(clustering) [9, 52, 148] 技术通过减小最近邻搜寻空间来提高协同过滤可扩展性。根据聚类对象(用户或项目) 和聚类结构(平面聚类或层次聚类)的不同,相应有多种基于聚类的协同过滤算法,主要采用 k – means 聚类,也有采用遗传聚类[149]、MinHash[14]、Fuzzy C – means[150] 等其他聚类方法。更有学者将多种聚类方法组合使用,如 Tsai[151] 等就将 SOM(self – organizing maps, 自组织映射)、k – means 结合为聚类集成器(cluster ensembles),在推荐准确度上优于使用单一聚类方法。

(1) 针对用户进行聚类

Sarwar[9, 71] 等首先对用户 – 项目评分数据库进行 bisecting k – means 聚类,然后选择目标用户所在聚类的用户作为最近邻集合(图 1.12)。

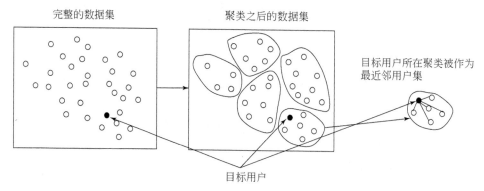

完整的数据集　　　　　聚类之后的数据集

目标用户所在聚类被作为最近邻用户集

目标用户

图 1.12　　基于聚类的最近邻选择[71]

Rashid 等[147] 也采用了 bisecting k – means 聚类,但他们是在聚类基础上生成每个聚类的代理用户(surrogate user),然后基于目标用户的最相似代理用户进行最近邻协同过滤推荐。他们指出如果只在目标用户所在聚类中搜寻其最近邻将容易出现低相似性的最近邻,从而导致推荐准确度降低,且这种情况会随着聚类数增多而变得更严重。李涛等[152] 提出了与 Rashid 等类似的方法,先离线对用户进行 k – means 聚类生成若干用户聚类中心以计算并获得每个用户与各聚类中心的相似性度量矩阵,在线时则计算目标用户与各聚类中心的相似性并根据相似性度量矩阵搜索其最近邻来进行评分预测和推荐。

RecTree[153] 是较早采用 k - means 聚类的一种协同过滤算法，先将用户聚类为一棵二进制树，然后基于树结构（图 1.13）搜寻最近邻并产生推荐。

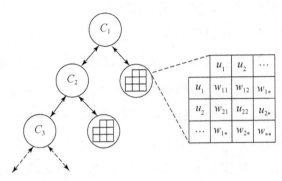

图 1.13　RecTree 的数据结构

对于 RecTree 算法，Kelleher[99, 100] 等认为 RecTree 树有时会出现不平衡，即产生过小和过大的聚类；Yu 等[154] 则指出 RecTree 不能避免噪声（noise）、数据冗余（data redundancy）和过拟合（overfitting）的问题。

Xue 等[155] 在对用户进行 k - means 聚类的基础上，对目标用户的未评分项则基于该用户的平均评分及该用户所在聚类其他用户对未评分项的评分进行平滑（smoothing）处理，从而降低稀疏性，然后计算并选择与目标用户最相似的若干聚类作为候选最近邻集合，再将用户实际评分与前述所得平滑数据结合计算目标用户与候选最近邻集合中用户的相似性并得到最近邻集合。Zhang 和 Chang[149] 认为 k - means 聚类容易陷入局部最优，因此提出了一种基于遗传聚类（genetic clustering）的协同过滤算法。但遗传算法本身同样也存在局部最优问题。李晓艳等[156] 将 k - means 聚类、有监督特征选择（supervised feature selection）与协同过滤进行集成。陈全等[157] 在对用户进行 k - means 聚类的基础上，引入产品领域知识以改进用户相似度计算，但领域本体"存在领域知识获得困难和信息对象难以标注的问题"[158]。

（2）针对项目进行聚类

O'Conner 和 Herlocker[159] 首先提出可对项目进行聚类再在相应聚类中搜索目标用户最近邻的思想。邓爱林[141] 等认为由于每个聚类中的用户数量并不是随着聚类中项目数量的减少而线性减少，所以 O'Conner 等的方法在用户对多个聚类中的商品均有评分的情况下效果并不理想，因此他们提出根据用户对项目评分的相似性对项目进行 k - means 聚类生成相应聚类中心，在此基础上计算目标项目与聚类中心的相似性，从而只需在与目标项目最相似的若干个聚类中就能寻找到目标项目的大部分最近邻居并产生推荐列表，以有效提高系统实时响应速度，但是推荐精度可能有所降低。Kim[160] 等则在对项目进行 k - means 聚类时进行了调整，即一个项目可根据一定的概率值分配到每个聚类而非一个聚类。

Li[97] 等在其设计的协同音乐推荐系统中改用 k - medoids 算法对音乐项进行聚类，项目间关系使用一种修正的欧几里得距离（adjusted Euclidean distance）进行计算，然后将用户评分和音乐的音质（timbral texture）、节奏（rhythmic content）、定调（pitch content）等属性信息结合起来进行基于概率模型的评分预测。

（3）对用户和项目均进行聚类

这类方法主要包括层次聚类[161]、biclustering 聚类[162, 163] 以及 co - clustering 聚类[127, 164, 165] 等，可以统称为联合聚类或二部聚类[127, 166]。这类方法认为，"一般情况下，对于使用矩阵方式表达的训练数据，当行和列同时具有相关性时，应当考虑使用联合聚类，因为无论从哪一个维度进行单独聚类时，都会忽略另一维的相关信息"[127]。

例如，Kohrs 和 Merialdo[161] 基于评分数据对用户和项目分别进行层次聚类，每个用户（项目）是一个聚类层的叶子，用户（项目）相似性采用距离函数进行计算，从根节点到叶子用户（项目）相似性程度递增，预测评分则通过计算从根节点到特定叶子路径上的聚类层所有节点中心的加权和得到；吴湖[127]等提出了一种新的联合聚类算法 BlockClust，先对原始矩阵中的用户和项目进行联合聚类，然后在各类别内部使用加权非负矩阵分解（weighted NMF）进行未知评分预测。

总的来说，基于聚类的协同过滤由于过度泛化（over – generalized）而导致个性化程度较低的推荐（low – personlized recommendations）[167]，但可用作协同过滤算法的数据预处理步骤以缩小候选最近邻集合范围，是兼顾推荐准确度和吞吐量的可取折中方法[9, 32, 71]。

1.4.4.2　概率方法

（1）分类模型

Hofmann[168] 将 概 率 潜 在 语 义 分 析（probabilistic latent semantic analysis，PLSA）引入协同过滤。Google 新闻个性化推荐[14]也使用了概率潜在语义索引 PLSI（probabilistic latent semantic indexing）。Hofmann 和 Puzieha[69] 还提出了两种潜在分类模型（latent class model），即 aspect 模型（aspect model，根据偏好因子的凸联合进行偏好建模）、双边分类模型（two – sided model，对用户和项目同时进行分类且每个用户或项目只能属于一个分类）。

李超然等[169]指出 PLSA 由于是基于用户兴趣对用户分组形成社区（community，用户可以根据其兴趣属于一个或多个社区）后训练模型来估算用户潜在兴趣，会由于模型训练计算量大而无法经常更新以适应用户兴趣变化，对此他们提出了一种在每次用户评分后以较小时间代价动态修正用户兴趣的方法来更新模型。

相对于 PLSA，张亮和李敏强[170] 提出了一种基于高斯混合的概率模型，称为真实偏好高斯混合模型（real preference Gaussian mixture model，RPGMM），用户对项目的最终评分由用户对项目主题和内容的真实偏好、用户评分习惯、项目的公众评价三个因素决定，并引入了两个隐含变量以分别描述用户类和项目类，用户和项目依概率可以同时属于多个类。他们指出，与 PLSA 模型相比，RPGMM 考虑了用户评分习惯和项目的公众评价对最终评分值的影响，可探求用户对项目的真实偏好程度；同时，PLSA 模型用户和项目共用一个隐变量，而 RPGMM 用两个隐变量对用户和项目分别聚类建模，因此可以更清晰地得到按兴趣和偏好区分的用户群组和按内容和主题区分的项目群组，更具语义意义。

（2）贝叶斯方法

Breese 等[107] 提出的贝叶斯网络（Bayesian network）首先基于训练集建立决策树模型，网络中每一个节点代表一种商品，节点的状态代表评分值，对于用户没有给出评分的节点则以"no vote"状态来表示。通过训练产生的模型中，每一个节点将具有一组能够最佳预测本节点商品评分值的父节点。由于建立模型的时间较长，通常需要数小时乃至数天，因此通常采用离线（offline）的方式进行建模，最终得到的模型非常小，应用速度快，对内存要求较小。但是由于用户数量和评分的不断增加导致数据集发生变化，所以贝叶斯网络模型需要定期重建，再加上模型训练的时间耗费大，故贝叶斯网络适用于用户兴趣变化较慢而非更新迅速和频繁的环境。不过这在实际应用中很难得到保证。

其他研究人员也提出了一些基于贝叶斯方法的评分预测模型，主要包括以下几种：

1）Chen 和 George[171] 将具有相同评分概率分布的评分数据进行分组，进而基于这些分组的后验分布及相关评分概率产生缺失评分（missing ratings）的预测分布，然后采用马尔可夫链蒙特卡罗法（Markov chain Monte Carlo methods）和一个混合搜索算法获得缺失评分的预测值。

2）Pennock 等[80] 认为用户给出的评分具有高斯噪声（Gaussian noise），他们提出的"个性诊断"（personality diagnosis）算法将用户评分看作"症状"(symptoms),从而计算产生这些症状的"疾病"(disease)——个性类型(personality type)的概率,进而计算用户对其未评分项的喜好概率,返回最可能的评分作为预测结果。

3)Miyahara 和 Pazzani[172] 采用简单贝叶斯分类器(simple Bayesian classifier)为每个用户创建单独的贝叶斯模型,并分别基于用户的负向评分(negative ratings)和正向评分(positive ratings)计算用户之间的相似性。

总的来说,由于基于贝叶斯方法的协同过滤算法模型较为复杂,模型训练阶段耗时较多,因此对其在实际应用中的被接受程度有所影响。

(3) 其他概率方法

除上述分类模型和贝叶斯方法外,Wang等[112]结合了其他用户对目标项目的评分、目标用户对不同项目的评分、相似用户对相似项目的评分这三种数据并通过评分标准化及概率方法来完成评分预测。Kuwata[173] 等提出的one - shot算法首先计算已知评分在用户和(或)项目上的经验边际分布(empirical marginal distributions),然后将这些边际分布作为未知评分的函数,则未知评分通过将已知评分与未知评分的分布之间的相对熵(Kullback - Leibler divergence)最小化来预测,从而显著减少计算时间,且算法性能与传统算法相当。

1.4.4.3 基于项目

基于项目(item - based)的协同过滤算法[9, 25, 26, 32]是提高可扩展性的有效方法(需要指出的是,基于项目的协同过滤思想早在 Ringo[52, 53] 系统采用的 Artist - Artist 算法中已有体现),即先离线计算项目之间的相似性,找到用户未评分项目的相似项目集合,然后使用相似项目的评分来预测未评分项目的评分,从而提高推荐实时性。

为了提高基于项目的协同过滤算法的推荐质量,Vozalis 和 Margaritis[174]

将其与 SVD 方法结合；Ding 和 Li[175] 认为用户近期评分的项目更能体现其偏好，因此提出一种单调递减的指数函数时间权重对预测评分进行加权，邢春晓等[176] 则提出"基于时间的数据权重"（反映用户近期访问资源的重要性以捕捉用户当前兴趣）和"基于资源相似度的数据权重"（通过计算用户已访问资源与用户当前兴趣的相似度以捕捉有价值的早期访问数据）以使算法能够及时反映用户的兴趣变化；陈健和印鉴[64] 利用目标项目的影响集（即受目标项目影响的项目集，表示为 k' 个逆最近邻）来提高其评价密度，并与其 k 个最近邻结合进行评分预测；Ma 等[177] 在相似性大于指定阈值的最近邻用户集 $S(a)$（a 为目标用户）与最近邻项目集 $S(i)$（i 为当前项目）不全为空时，将基于用户的预测评分与基于项目的预测评分进行线性组合得到预测评分，否则将用户 a 与项目 i 的平均评分进行线性组合作为预测评分。

基于项目的协同过滤算法的主要缺点在于，项目之间的相似性需要事先计算、存储并定期更新，因此不能将最新的用户评分数据纳入算法过程。此外，Karypis[25] 指出基于项目的协同过滤还存在一个潜在的局限性，即面对非常大的用户集合时可能无法提供个性化程度足够高的推荐结果。对此他提出了一个可能的改进思路，即先选择一个适当大小的相似邻居用户集合，再在该集合上运行基于项目的协同过滤。

1.4.4.4　数据集缩减

通过对用户评分数据集采用某种方法进行人为缩减，可以降低数据集规模和提高算法运行速度，从而改善可扩展性。

最简单的数据集缩减技术是对除目标用户之外的所有用户进行随机抽样[11] 以作为候选邻居用户集，但这会导致推荐质量的急剧下降，因为随机抽样很容易遗漏目标用户的最近邻用户。美国明尼苏达大学（University of Minnesota）开发的新闻组文档推荐系统 GroupLens[9, 37, 105] 系统则提出将协同过滤限定在用户当前所在兴趣组，但这可能损失新异推荐的机会。

为了减小数据集，Yu[154, 178-181] 等采用信息论的互信息（mutual

information）来计算项目之间的依赖（dependency），计算并选择与目标项目具有高相关性的预定比例用户进行评分预测；Yu 等[146] 还提出基于从整个用户评分数据库中选出的一个小子集（profile space，即"描述空间"）来产生推荐的思想。Zeng 等[121, 122] 则采用基于潜在分类模型（latent class model）的方法计算用户与目标项目之间的关联（relevancy），从而选择高关联的预定比例用户作为训练集进行最近邻搜寻。

由于数据集缩减技术略去了大量用户信息，很难保证不会漏掉目标用户的部分最近邻用户，从而影响到算法推荐质量。另外，这类只择取少量用户数据作为训练集进行建模的算法有可能会损失用户之间的差异性[111]，也将导致算法的推荐效果较差。

1.4.4.5　线性模型

Lemire 等[182] 认为一个鲁棒的协同过滤算法应具有以下五个特点：

1）易于实现和维护。普通工程师可以轻松解释所有聚合数据，且算法易于实现和测试。

2）运行时可更新。新增一个评分项应对预测结果实时产生影响。

3）有效的查询时间。查询应快速执行，可能以更多存储空间为代价。

4）对初访者要求少。评分项很少的用户应得到有效推荐。

5）合理的准确性。与最准确的算法相比，本算法应具有竞争力，但准确性的较小提高不能以简单性和可扩展性的较大牺牲为代价。

对此，他们提出 slope one 算法（包括两个增强算法 weighted slope one、bi-polar slope one）以同时满足上述五点，该算法考虑到两个项目之间的流行度差异（popularity differential），采用线性模型 $f(x) = x + b$（b 是常量，变量 x 表示评分值）来预测评分。因此，slope one 算法本质上仍然属于基于项目的协同过滤范畴。

相对于 Vucetic 和 Obradovic[183, 184] 采用的另一种线性模型 $f(x) = ax +$

b, slope one 的模型更为简单, 在算法实施方面也非常容易, 是目前较好的一种协同过滤可扩展性改善算法。weighted slope one 算法已应用在音乐推荐站点 inDiscover. net (www. indiscover. net)。

1.4.4.6 降维

在前文介绍稀疏性问题改善技术时提到的降维技术(参见 1.4.3.3 节)同样也是提高协同过滤可扩展性的有效途径, 此处不再赘述。

表 1.4 从可扩展性改善程度、算法推荐质量及实现难度等方面对上述六类技术进行了简要的定性比较。从表中可以看到, 基于项目的协同过滤和线性模型优于其他四类技术, 因此这两种技术可以作为今后用于改善可扩展性的主要技术, 并进一步对其进行研究和改进。而其他几类技术则可以作为辅助手段酌情使用。特别是在大型电子商务网站应用中, 聚类和降维技术都是可选择的数据预处理步骤。

表 1.4　可扩展性改善技术的定性比较

比较项目	聚类	概率方法	降维	基于项目	数据集缩减	线性模型
可扩展性改善程度	高	高	高	高	高	高
算法推荐质量	低	高	高	高	低	高
算法实现难度	低	高	高	低	低	低
典型算法	k - means	贝叶斯网络	SVD	基于项目的协同过滤	随机抽样	slope one

电子商务的发展要求推荐系统向用户提供高质量的实时推荐服务。但协同过滤算法可扩展性不足已成为阻碍电子商务推荐系统发展的一个瓶颈问题。众多研究人员提出的上述各种协同过滤可扩展性改善技术, 其基本思路可以总结为两点。

思路①: 在尽量不影响推荐质量的前提下, 缩小最近邻查询空间。已采用技术包括聚类、降维和数据集缩减。

思路②：定期离线进行用户相似性度量和最近邻搜寻，减小在线推荐计算量。已采用技术包括贝叶斯方法、基于项目的协同过滤等。

但是，思路 ① 难免损失部分推荐质量，思路 ② 则难以充分利用最新用户评分数据。因此，对于协同过滤可扩展性问题还需要进一步研究。

1.5　研究内容与结构安排

本书的研究工作主要集中在以下三个方面：① 改进目标用户的最近邻搜寻策略以克服稀疏性带来的不利影响，使得搜寻结果更为准确并进而提高推荐质量；② 设计面向无评分新用户的协同过滤推荐服务，以解决冷启动中的新用户问题；③ 建立协同过滤的在线增量更新机制，通过降低推荐响应时间来提高协同过滤可扩展性。

本书的研究内容共分为 7 章：

第 1 章是绪论，主要对国内外研究现状进行了全面的梳理和综述，在此基础上对协同过滤瓶颈问题进行了提炼。

第 2 章介绍了传统协同过滤及其评价方法，包括协同过滤的两个基本算法以及协同过滤推荐质量的评价方法。

第 3 章针对稀疏性问题提出了非目标用户类型区分理论和领域最近邻理论，在此基础上进一步提出了基于领域最近邻的 KNN 法和基于 Rough 集理论的 KNN 法。

第 4 章针对冷启动问题提出了用户访问项序理论，在此基础上提出了面向新用户的 top − N 推荐方法和基于 Markov 链模型的商品导航推荐方法。

第 5 章针对可扩展性问题提出了一种适应用户兴趣变化的协同过滤增量更新机制，在改善可扩展性问题的同时使得推荐服务能够适应用户兴趣偏好的动态变化。

第 6 章在本书提出的上述理论和方法基础上，设计并实现了一个电子商务协同过滤原型系统 ECRec(E – commerce recommender system)，该系统具有良好的可移植性、可维护性及开放式架构(open architecture)特征。

第 7 章对本书研究工作进行了总结，并指出了未来的研究内容和发展方向。

本书的结构安排如图 1.14 所示。

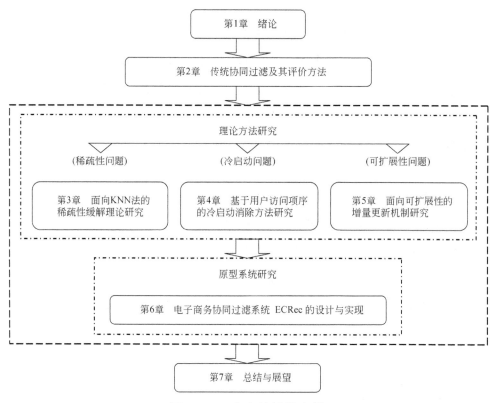

图 1.14　本书的结构安排

第 2 章　　传统协同过滤及其评价方法

本章重点介绍协同过滤的两个基本算法：基于用户(user – based)的协同过滤和基于项目(item – based)的协同过滤。在这两个算法中，前者是最早出现的协同过滤算法，也是至今为止使用最为广泛的协同过滤算法，它以用户 – 项目评分矩阵中的行(用户)为基础计算用户之间的相似性；后者则是以用户 – 项目评分矩阵中的列(项目)为基础计算项目之间的相似性，已在 Amazon. com 等众多电子商务网站得到了广泛的应用。两个算法的共同点在于，它们都是基于用户 – 项目评分矩阵来预测用户兴趣偏好并进行推荐服务。

到目前为止，绝大多数改进的协同过滤算法都是在上述两个基本算法的基础上尤其是基于用户的协同过滤基础上给出的。因此，这两个基本算法是协同过滤研究的重点内容。

2.1　　基于用户的协同过滤

基于用户的协同过滤[10, 33, 36, 55](user – based CF)又称最近邻(nearest – neighbor)协同过滤或KNN(K – nearest – neighbor, K 最近邻)法，其基本思想是基于与目标用户具有相同(或相似)兴趣偏好的其他客户的观点向其提供商品推荐或评分预测。基于用户的协同过滤使用统计技术来寻找与目标用户有相同或相似兴趣偏好(如对不同商品的评分相似或所购商品相似)的邻居用户，再根据邻居用户对商品项的评分来预测目标用户对其未评分项的评分值，进而选择预测评分最高的前 N 项商品作为推荐集反馈给用户(即 top – N 推荐)。Sarwar 等[9, 33]将基于用户的协同过滤算法分为三个阶段: 表示(representation)、 邻居用户形成(neighborhood formation)、推荐生成(recommendation generation)。

2.1.1 表示

协同过滤采用用户 – 项目评分矩阵 $R(m, n)$ 表示用户评分信息,如表2.1所示,算法通过预测矩阵中的缺失值(missing value)来决定是否将该项目推荐给相应用户。$\mathbf{R}(m, n)$ 是一个 $m \times n$ 阶矩阵,其中 m 行表示 m 个用户,n 列表示 n 个项目,$R_{i,j}$ 表示用户 i 对项目 j 的评分值。

表2.1 用户 – 项目评分矩阵 $\mathbf{R}(m, n)$

	I_1	...	I_j	...	I_n
U_1	$R_{1,1}$	...	$R_{1,j}$	...	$R_{1,n}$
...	...	...	...	...	...
U_i	$R_{i,1}$	...	$R_{i,j}$	...	$R_{i,n}$
...	...	...	...	...	...
U_m	$R_{m,1}$	...	$R_{m,j}$	...	$R_{m,n}$

用户对项目的评分值可以采用二进制,如1表示喜欢(或已购买),0表示不喜欢(或未购买); 但更多的是采用类似于酒店星级标准的评分制,如GroupLens系统[36]采用的5分制、Ringo系统[52, 53]和Fab系统[57]采用的7分制等,评分从低到高代表用户对该项从不喜欢到很喜欢的不同喜好程度。需要注意的是,较大的评分制会导致用户评分数据的评价 – 再评价可靠性(rate – rerate reliability)降低[55]。

2.1.2 邻居用户形成

邻居用户形成是基于用户的协同过滤算法(算法实例可参见文献[36])最关键的步骤。对于目标用户 u,算法需要搜寻 u 的最近邻(nearest neighbor）集合 $U = \{u_1, u_2, \cdots, u_K\}$，$u \notin U$ 且 u 与 U 中用户 u_k 之间的相似性 $\mathrm{sim}(u, u_k)(1 \leqslant k \leqslant K)$ 由大到小排列。$\mathrm{sim}(u, u_k)$ 的取值范围为 $[-1, 1]$，$\mathrm{sim}(u, u_k)$ 越接近 1 表示用户 u、u_k 之间相似性越高；$\mathrm{sim}(u, u_k)$ 越接近 -1 表示用户 u、u_k 具有相反的兴趣偏好；$\mathrm{sim}(u, u_k) = 0$ 则表示用户 u、u_k 之间不具有相似性。例如，在图 2.1 中，通过计算目标用户（图中心黑点）与其他用户之间的相似性，选择了以目标用户为中心的 $k = 5$ 个最近用户作为其最近邻集合。

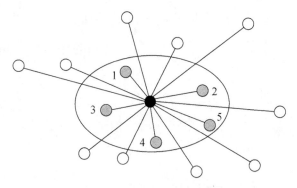

图 2.1　　最近邻集合的形成[129]

Sarwar 等[9, 33] 将上述最近邻确定方法称为基于中心（center - based）的方法，并提出了另一种称为聚合邻居（aggregate neighborhood）的最近邻选择方法，不过他们的实验证明其应用效果不如前者。

最近邻数量对推荐质量有重要影响，其确定方法有两种[10, 55]：一是根据设定的阈值，取与目标用户的相似性大于阈值的用户作为最近邻集合（如 Ringo 系统）；二是根据设定的最近邻居数 k，取相似性最大的前 k 个用户作为最近邻集合（如 GroupLens 系统），Herlocker 等认为这是最佳的最近邻选择方法，并指出真实环境中合理的最近邻用户数量为 20 ~ 50。也可以将上述两种方法结合起来，即在相似性大于阈值的用户中择取相似性最大的前 k 个用户作为最近邻集合。阈值或 k 值过大或过小都将影响到推荐质量。能够产生最好推荐质量的最近邻数量依赖于数据集，可以通过在训练集上的实验得到[29]。若与目标用户具有正相似性(positive similarity)的用户不足 k 个,则只择取这部分用户作为最近邻用户集。

用户相似性度量方法主要有三种。

(1) 余弦相似性(cosine similarity)[38, 185]

余弦相似性也称为向量相似性(vector similarity)。用户评分被看作是 n 维项目空间上的向量,用户相似性通过向量间的余弦夹角度量,夹角越小则相似性越高。设 I_{uv} 表示用户 u、v 的共同评分项集,向量 $\vec{u}$、$\vec{v}$ 分别表示用户 u、v 在 I_{uv} 上的评分,则用户 u、v 之间的相似性 $\text{sim}(u, v)$ 为

$$\text{sim}(u, v) = \cos(\vec{u}, \vec{v}) = \frac{\vec{u} \cdot \vec{v}}{\|\vec{u}\|_2 \times \|\vec{v}\|_2} = \frac{\sum_{i \in I_{uv}} R_{u, i} \cdot R_{v, i}}{\sqrt{\sum_{i \in I_{uv}} R_{u, i}^2} \sqrt{\sum_{i \in I_{uv}} R_{v, i}^2}}$$

(2.1)

式中,$I_{uv} = \{i \in I \mid R_{u, i} \neq \varnothing \& R_{v, i} \neq \varnothing\}$ (I 表示全部项目空间),$R_{u, i}$、$R_{v, i}$ 分别表示用户 u、v 对项目 i 的评分。

(2) Pearson 相关系数(Pearson correlation coefficient)[36, 38, 55, 91, 102, 185]

设 I_{uv} 表示用户 u、v 的共同评分项集,则用户 u、v 之间的相似性 $\text{sim}(u, v)$ 为

$$\text{sim}(u, v) = \frac{\sum_{i \in I_{uv}} (R_{u, i} - \overline{R}_u) \cdot (R_{v, i} - \overline{R}_v)}{\sqrt{\sum_{i \in I_{uv}} (R_{u, i} - \overline{R}_u)^2} \sqrt{\sum_{i \in I_{uv}} (R_{v, i} - \overline{R}_v)^2}}$$

(2.2)

式中,$R_{u, i}$、$R_{v, i}$ 分别表示用户 u、v 对项目 i 的评分;$\overline{R}_u$、$\overline{R}_v$ 分别表示用户 u、v 在 I_{uv} 上的平均评分[36, 91, 185],即

$$\overline{R}_u = \frac{1}{|I_{uv}|} \sum_{i \in I_{uv}} R_{u, i}, \quad \overline{R}_v = \frac{1}{|I_{uv}|} \sum_{i \in I_{uv}} R_{v, i}$$

（3）约束 Pearson 相关系数（constrained Pearson correlation coefficient）[52, 53, 55, 185]

$$\text{sim}(u, v) = \frac{\sum_{i \in I_{uv}} (R_{u, i} - R_{\text{med}}) \cdot (R_{v, i} - R_{\text{med}})}{\sqrt{\sum_{i \in I_{uv}} (R_{u, i} - R_{\text{med}})^2} \sqrt{\sum_{i \in I_{uv}} (R_{v, i} - R_{\text{med}})^2}} \qquad (2.3)$$

式中，$R_{u, i}$、$R_{v, i}$ 分别表示用户 u、v 对项目 i 的评分；R_{med} 表示推荐系统所采用的评分制中值。例如，Ringo 系统取 $R_{\text{med}} = 4$，因其采用 7 分评分制。

其他还有一些不常用的用户相似性度量方法，如均方差（mean squared differences）[52, 53, 55]、Spearman 排序相关系数（Spearman rank correlation coefficient）[10, 55, 185] 等。Spearman 排序相关系数由于需要对项目依据评分进行排序，增加了额外的计算开销，而在算法质量上与 Pearson 相关系数相同或更差[55]。

通过相似性计算，可以生成 $m \times m$ 阶用户相似性矩阵 S（m 为用户总数）[9, 102]。S 中的元素 $s_{i, j}$ 表示用户 i 与用户 j 之间的相似性；所有对角元素全设为 0，因为不能将用户本人选作其最近邻用户。事先离线生成 S 可以改善推荐实时性，但无法使用最新的用户评分数据。

2.1.3 推荐生成

得到目标用户最近邻集合 $U_{\text{nei}} = \{u_1, u_2, \cdots, u_K\}$ 后，就可以计算两类推荐结果[9]：top - N 推荐集、目标用户对任意项 i 的评分。两类结果都需要综合最近邻用户对项目 i 的评分来预测目标用户 u 对项目 i 的评分值 $P_{u, i}$，即

$$P_{u, i} = \text{aggr}_{u_k \in U_{\text{nei}}} R_{u_k, i} \qquad (2.4)$$

最简单的综合方法是将最近邻用户对项目 i 的平均评分作为 $P_{u, i}$ 值（但预测效果不够好）：

$$P_{u,i} = \frac{1}{K} \sum_{u_k \in U_{nei}} R_{u_k,i} \tag{2.5}$$

目前通常采用基于评分预测的 top - N 推荐集生成方法，即设目标用户 u 的最近邻集合 U_{nei} 中各个用户的评分项集合分别为 I_1，I_2，…，I_K，令项目集合 $I_w = I_1 \cup I_2 \cup \cdots \cup I_K - I_u$，$I_u$ 为 u 的评分项集合，则对于任意项目 $i \in I_w$，u 均未作过评分，从而可采用下式来预测 u 对 i 的评分值 $P_{u,i}$[9, 36, 38]：

$$P_{u,i} = \overline{R}_u + \frac{\sum\limits_{(u_k \in U_{nei}) \cap (u_k \text{rated} i)} \text{sim}(u, u_k) \times (R_{u_k,i} - \overline{R}_{u_k})}{\sum\limits_{(u_k \in U_{nei}) \cap (u_k \text{rated} i)} (|\text{sim}(u, u_k)|)} \tag{2.6}$$

式中，$R_{u_k,i}$ 表示最近邻用户 $u_k(1 \le k \le K)$ 对项目 i 的评分；$\overline{R}_{u_k}$ 表示 u_k 在与 u 的共同评分项目集合上的平均评分[36, 88]，$\overline{R}_u$ 则表示 u 在全部项目空间 I 上的平均评分[38]，即

$$\overline{R}_u = \frac{1}{|I_u|} \sum_{j \in I_u} R_{u,j}, \text{ 其中 } I_u = \{j \in I \mid R_{u,j} \ne \varnothing\}$$

需要指出的是，参与计算 $P_{u,i}$ 的最近邻用户必须对项目 i 有评分[9, 38, 91]。然后按 $P_{u,i}$ 值从大到小取前 N 个项目组成推荐集 $I_{rec} = \{i_1, i_2, \cdots, i_N\}$ 推荐给 u，即 top - N 推荐，从而完成整个推荐过程。N 值通常在 $1 \sim 20$，以 top - 10 最为常见。考虑到用户评分尺度(rating scale)存在不同(例如，用户 a 对其认为最好的项目也只给 4 分而非 5 分，对其认为最差的项目给 2 分而非 1 分；用户 b 则对其认为较好的项目都给 5 分，对其认为最差的项目给 1 分)，Herlock 等[10, 55]还提出在计算 $P_{u,i}$ 时加入 z - score 标准化方法来提高预测准确度。

此外，Sarwar 等[9, 33]还提出了另外两种 top - N 推荐方法，一是基于关联规则的推荐(association rule - based recommendation)；二是最频繁项推荐(most - frequent item recommendation)，即扫描目标用户最近邻集合中每个用户的购买数据，统计这些最近邻用户所购商品的购买次数，然后

将购买次数最高且目标用户还未购买过的前 N 项商品作为推荐结果。

2.2　基于项目的协同过滤

基于项目的协同过滤算法[9, 25, 26, 32](item – based CF)认为用户更倾向于购买与其已购项目相似或相关的项目,因此使用统计技术搜寻目标项目的最近邻居项目集合(基于项目评分或购买数据),然后根据目标用户对最近邻居项目的评分来预测其对项目的评分,进而选择预测评分最高的前 N 项作为推荐结果反馈给用户。由于项目之间的相似性较用户之间的相似性更为稳定[9],因此可以预先离线计算好项目之间的相似性,在进行推荐计算时就直接从建立好的项目相似性数据表中查找所需相似性数据,并且算法也不需要搜寻目标用户的最近邻用户,从而减少了在线计算时间。基于项目的协同过滤算法依然在用户 – 项目评分矩阵上进行,下面介绍邻居项目形成及推荐生成方法。

2.2.1　邻居项目形成

基于项目的协同过滤算法关键步骤是计算项目之间的相似性以选出最相似项目集。下面看一个简单的例子,如表 2.2 所示。

表 2.2　一个简单的电影评分矩阵

评价项目	阿甘正传	罗马假日	佐罗的面具	乱世佳人	勇敢的心
Clarence	5	2	4	3	5
Mary	4	5	5	5	4
Bruce	4	1	3	2	4
Donnie	3	2	3	2	?
Van	5	2	4	3	5

在表 2.2 中，用户 Donnie 对电影"勇敢的心"没有作过评分，需要由基于项目的推荐算法预测他对该电影的评分以决定是否向其推荐这部电影。从图中其他用户的评分情况不难发现，4 个用户对"阿甘正传"和"佐罗的面具"这两部电影的评分与对"勇敢的心"的评分最接近，因此"阿甘正传"和"佐罗的面具"是"勇敢的心"的最近邻项目，它们的评分值对于 Donnie 预测"勇敢的心"的评分最有帮助；而"罗马假日"、"乱世佳人"这两部电影的评分情况与"勇敢的心"的评分差异较大，因此不能作为"勇敢的心"的最近邻项目。

项目相似性度量方法主要有四种。

（1）余弦相似性（cosine-based similarity）[25, 26, 32]

项目评分被看作是 m 维用户空间上的向量，项目间的相似性通过向量间的余弦夹角度量，夹角越小则相似性越高。设 U 表示对项目 i、j 均有评分的用户集，向量 $\vec{i}$、$\vec{j}$ 分别表示项目 i、j 在 U 上的评分，则项目 i、j 之间的相似性 $\text{sim}(i, j)$ 为

$$\text{sim}(i, j) = \cos(\vec{i}, \vec{j}) = \frac{\vec{i} \cdot \vec{j}}{\|\vec{i}\|_2 \times \|\vec{j}\|_2} = \frac{\sum_{u \in U} R_{u, i} \cdot R_{u, j}}{\sqrt{\sum_{u \in U} R_{u, i}^2} \sqrt{\sum_{u \in U} R_{u, j}^2}}$$

(2.7)

式中，$R_{u, i}$、$R_{u, j}$ 分别表示用户 u 对项目 i、j 的评分。Deshpande 和 Karypis[26] 指出由于余弦相似性是对称相似性函数（symmetric similarity function），因此频繁购买项倾向于与其他频繁购买项相似而不是与偶然购买项；他们认为可以将评分矩阵的每一行按比例缩放到单位长度，从而对购买商品项较少的用户在余弦相似性计算中给予更高的权重。

（2）相关相似性（correlation – based similarity，即 Pearson 相关系数）[32, 102]

设 U 表示对项目 i、j 均有评分的用户集，则项目 i、j 之间的相似性

$\mathrm{sim}(i,j)$ 为

$$\mathrm{sim}(i,j)=\frac{\sum_{u\in U}(R_{u,i}-\overline{R}_i)\cdot(R_{u,j}-\overline{R}_j)}{\sqrt{\sum_{u\in U}(R_{u,i}-\overline{R}_i)^2}\sqrt{\sum_{u\in U}(R_{u,j}-\overline{R}_j)^2}} \tag{2.8}$$

式中，$R_{u,i}$、$R_{u,j}$ 分别表示用户 u 对项目 i、j 的评分；$\overline{R}_i$、$\overline{R}_j$ 分别表示项目 i、j 在 U 上的平均评分，即

$$\overline{R}_i=\frac{1}{|U|}\sum_{u\in U}R_{u,i}, \quad \overline{R}_j=\frac{1}{|U|}\sum_{u\in U}R_{u,j}$$

（3）修正的余弦相似性（adjusted cosine similarity）[32, 102, 185]

在余弦相似性度量方法中没有考虑不同用户的评分尺度，对此可以通过减去相应用户对项目的平均评分来弥补。设 U 表示对项目 i、j 均有评分的用户集，则项目 i、j 之间的相似性 $\mathrm{sim}(i,j)$ 为

$$\mathrm{sim}(i,j)=\frac{\sum_{u\in U}(R_{u,i}-\overline{R}_u)\cdot(R_{u,j}-\overline{R}_u)}{\sqrt{\sum_{u\in U}(R_{u,i}-\overline{R}_u)^2}\sqrt{\sum_{u\in U}(R_{u,j}-\overline{R}_u)^2}} \tag{2.9}$$

式中，$R_{u,i}$、$R_{u,j}$ 分别表示用户 u 对项目 i、j 的评分；$\overline{R}_u$ 表示用户 u 在全部项目空间上的平均评分。

（4）基于条件概率的相似性（conditional probability – based similarity）[25, 26]

最简单的基于条件概率的相似性是以用户在购买商品 i 的条件下购买商品 j 的条件概率 $P(j\mid i)$ 作为商品项之间的相似性 $\mathrm{sim}(i,j)$：

$$\mathrm{sim}(i,j)=P(j\mid i)=\frac{\mathrm{Freq}(ij)}{\mathrm{Freq}(i)} \tag{2.10}$$

式中，$\mathrm{Freq}(ij)$ 表示用户同时购买商品 i、j 的交易数量；$\mathrm{Freq}(i)$ 为用户购买商品 i 的交易数量。需要注意的是，$P(j\mid i)\neq P(i\mid j)$，因此基于条件概

率的相似性为不对称关系（asymmetric relations）[26]。对此 Karypis 和 Deshpande[25, 26] 指出该方法存在一个局限，即 $P(j \mid i)$ 很高的原因不是因为商品 i、j 经常被同时购买，而是由于商品 j 被频繁购买。他们给出了一个改进方法：

$$\text{sim}(i, j) = \frac{\text{Freq}(ij)}{\text{Freq}(i) + (\text{Freq}(j))^{\alpha}} \qquad (2.11)$$

式中，缩放比例因子 $\alpha \in [0, 1]$。Karypis 和 Deshpande[25, 26] 进一步指出，在计算项目相似性时应该对购买商品较少的用户给予更多的重视，同时降低购买商品较多的用户对项目相似性计算的影响。对此他们先将用户 – 项目评分矩阵 $R(m, n)$ 的每一行标准化为单元长度，然后采用下式计算 $\text{sim}(i, j)$：

$$\text{sim}(i, j) = \frac{\sum\limits_{\forall u: R_{u,i} > 0} R_{u, j}}{\text{Freq}(i) + (\text{Freq}(j))^{\alpha}} \qquad (2.12)$$

式中，$\sum\limits_{\forall u: R_{u,i} > 0} R_{u, j}$ 表示评分矩阵 R 中所有对商品 i 评分（或购买数据）大于 0 的用户对商品 j 的所有非零评分（或购买数据）之和。

对于 n 维项目空间中的任意项目 i，通过项目相似性度量计算得到 i 的 k（Deshpande 和 Karypis[26] 认为 k 值范围应在 $10 \leq k \leq 30$ 为宜）个最相似项目 $\{i_1, i_2, \cdots, i_K\}$，相应的项目相似性 $\{\text{sim}(i, i_1), \text{sim}(i, i_2), \cdots, \text{sim}(i, i_K)\}$ 保存在系统中。如果与目标项目具有正相似性（positive similarity）的项目不足 k 个，则只择取这部分项目作为最近邻项目集合。Karypis 和 Deshpande[25, 26] 指出增大 k 并不能显著提高推荐质量，较小的 k 值还能提高推荐计算速度同时对推荐质量无大影响。项目相似性计算的最大计算复杂度为 $O(n^2 m)$[25, 26]，即在 n 维项目空间中需要计算 $n(n-1)$ 次项目相似性，而每个项目评分向量包含 m 个用户评分（来自 m 维用户空间）。当然，由于实际的用户 – 项目评分矩阵存在严重的稀疏性，因此实际计算量要小得多。

2.2.2 推荐生成

与基于用户的协同过滤数算法类似，基于项目的协同过滤算法也可以计算两类推荐结果：top – N 推荐集、目标用户对任意项目 i 的评分。

(1) top – N 推荐集[25]

Step 1：设 I_u 为目标用户 u 所购买(或评分较高) 的项目集，候选推荐项目集 C_u 为任意项目 $j \in I_u$ 的 K 个最相似项目 $\{j_1, j_2, \cdots, j_K\}$ 的总集合，删除 C_u 中任何已经出现在 I_u 的项目；

Step 2：对于任意项目 $c \in C_u$，c 与 I_u 的相似性 $\text{sim}(c, I_u)$ 为 c 与 I_u 中所有项目的相似性之和，即 $\text{sim}(c, I_u) = \sum\limits_{j \in I_u} \text{sim}(c, j)$；

Step 3：根据计算结果择取 C_u 中与 I_u 相似性最大的前 N 个项目作为 top – N 推荐集。由于受最相似邻居项目数 k 及目标用户已购项目数的影响，实际的推荐数量可能小于 N[26]。

由于算法将候选推荐项目范围限定在目标用户已购买或评分较高的项目的 k 个最相似项目总集合(设 I_u 中已有 g 个项目，则候选推荐项集合最多有 gk 个项目)，缩小了算法搜寻空间，从而能够减少算法计算量和提高算法实时性。Karypis 和 Deshpande[25, 26] 认为由于一些很少购买的项目之间可能产生的高相似性会强烈影响 top – N 推荐项目的选择，有时导致错误的推荐，因此他们提出先将任意项目 i 及其 k 个最相似项目的相似性进行标准化(即 $\|M_{i, j}\| = 1$，$j = 1$，$\cdots$，n) 可以提高 top – N 推荐质量。

(2) 目标用户对任意项目 i 的评分

设项目 i 的最近邻居项目集合为 $I_{\text{nei}} = \{i_1, i_2, \cdots, i_K\}$，$i \notin I_{\text{nei}}$ 且 i 与 I_{nei} 中任意项目 $i_k(1 \leqslant k \leqslant K)$ 之间的相似性 $\text{sim}(i, i_k)$ 由大到小排列，则目标用户 u 对项目 i 的评分 $P_{u, i}$ 可以基于用户 u 对 I_{nei} 中项目的评分进行加

权处理得到[32]：

$$P_{u,i} = \frac{\sum_{i_k \in I_{nei}} \text{sim}(i,i_k) \cdot R_{u,i_k}}{\sum_{i_k \in I_{nei}} (|\text{sim}(i,i_k)|)} \qquad (2.13)$$

除上述加权和方法外，Sarwar[32] 等还提出了一种基于回归模型的评分预测计算法。这种方法与加权和方法相似，但是不直接使用相似项目 i_k 的原始评分，而是采用回归模型计算其评分近似值，即将式（2.13）中的 R_{u,i_k} 用基于线性回归模型得到的近似值 R'_{u,i_k} 代替。设目标项目 i 及其相似项目 i_k 的评分向量分别为 $\vec{R}_i$、$\vec{R}_{i_k}$，则线性回归模型的表达式为

$$\vec{R}_{i_k} = \alpha \vec{R}_i + \beta + \varepsilon \qquad (2.14)$$

式中，参数 α、β 由评分向量 $\vec{R}_i$、$\vec{R}_{i_k}$ 决定；ε 表示回归模型的误差。

Park[17] 等采用的评分预测方法与 Sarwar[32] 等的加权和方法类似：

$$P_{u,i} = \bar{R}_i + \frac{\sum_{i_k \in I_{nei}} \text{sim}(i,i_k) \cdot (R_{u,i_k} - \bar{R}_{i_k})}{\sum_{i_k \in I_{nei}} (|\text{sim}(i,i_k)|)} \qquad (2.15)$$

式中，$\bar{R}_{i_k}$ 表示项目 i_k 在全部用户空间 U 上的平均评分，即

$$\bar{R}_{i_k} = \frac{1}{|U_i|} \sum_{v \in U_i} R_{v,i}, \text{ 其中 } U_i = \{v \in U | R_{v,i} \neq \varnothing\}$$

Karypis[25] 指出基于项目的协同过滤还存在一个潜在的局限性，即面对非常大的用户集合时可能无法提供个性化程度足够高的推荐结果。对此他提出了一个可能的改进思路，即先选择一个适当大小的相似邻居用户集合，再在该集合上运行基于项目的协同过滤。

2.3　推荐质量评价方法

2.3.1　评价标准

评价推荐算法本质上十分困难[186]：

1) 不同的算法在不同数据集上的表现不同;

2) 评价的目的不尽相同;

3) 对不同的数据是否需要在线用户的测试?

4) 选择哪些指标进行综合评价也十分困难。

评价推荐系统推荐质量的度量标准主要有统计精度度量方法 (statistical accuracy metrics) 和决策支持精度度量方法 (decision support accuracy metrics) 两类[9, 10, 32, 102, 104, 105]。

统计精度度量方法用于评价预测评分相较于实际用户评分的准确度, 包括平均绝对误差 (mean absolute error, MAE)、均方根误差 (root mean squared error, RMSE)[125] 以及在 MAE 基础上提出的标准化平均绝对误差 (normalized mean absolute error, NMAE)[84, 147] 等。其中, MAE 由于计算简单且易于解释, 因此最为常用。设推荐集 I_{rec} 中的项目评分预测值为 $\{p_1, p_2, \cdots, p_N\}$, 而目标用户 u 对这些项目的实际评分为 $\{q_1, q_2, \cdots, q_N\}$, 则 MAE 为

$$MAE = \frac{\sum_{i=1}^{N} |p_i - q_i|}{N}, \quad i = 1, 2, \cdots, N \quad (2.16)$$

MAE 越小则表明评分预测越准确、推荐质量越高。将所有测试用户的 MAE 进行平均, 便得到算法总的 MAE。设 j 个测试用户的 MAE 分别为 $MAE_1, \cdots, MAE_l, \cdots, MAE_j$, 则推荐算法的 MAE 为

$$MAE = \frac{\sum_{l=1}^{j} MAE_l}{j} \quad (2.17)$$

决策支持精度度量方法用于评价算法帮助用户选择出高质量项目 (即对用户而言是其喜欢的项目) 的有效性, 包括 ROC 敏感度 (receiver operating characteristic sensitivity)、PRC 敏感度 (precision - recall curve sensitivity) 等。ROC 敏感度采用 ROC 曲线来表示推荐性能, ROC 曲线下方的面积越大则表示推荐性能越好, ROC 敏感度值范围是 0 ~ 1。

此外，还可以采用信息检索领域广泛使用的召回率(recall) 和精确率(precision) 进行评价[33]。先将数据集按比例分为训练集(training set，如80%) 和测试集(test set，如20%) 两部分，然后在训练集上运行算法并得到 top – N 推荐集(top – N set)，将在 test set 和 top – N set 中都出现的项目集称为 hit set，则召回率就是 test set 中 hit set 所占比例，精确率就是 top – N set 中 hit set 所占比例，即

$$recall = \frac{size\ of\ hit\ set}{size\ of\ test\ set} = \frac{|\ test\ \cap\ \{top - N\}\ |}{|\ test\ |} \qquad (2.18)$$

$$precision = \frac{size\ of\ hit\ set}{size\ of\ top - N\ set} = \frac{|\ test\ \cap\ \{top - N\}\ |}{N} \qquad (2.19)$$

但召回率和精确率实际上是相互矛盾的，如增加推荐集数目 N 能提高召回率，但降低了精确率。对此可采用将召回率和精确率相结合的综合评价指标 $F1$[33] 或 E – measure[72]：

$$F1 = \frac{2 \times recall \times precision}{recall + precision} \qquad (2.20)$$

$$E - measure = \frac{1}{\alpha(1/precision) + (1 - \alpha)(1/recall)} \qquad (2.21)$$

Karypis[25] 在其基于项目的 top – N 推荐算法中采用了另外一种召回率计算方法：从实验数据集每个用户的非零评分数据中随机选择一个组成测试集，余下的评分数据组成训练集，运行算法得到用户的 top – N 推荐集，设实验数据集的全部用户数为 m，则召回率为

$$recall = \frac{size\ of\ hit\ set}{m} \qquad (2.22)$$

若 recall = 1，表示算法能够推荐所有隐藏项；若 recall = 0，表示算法不能推荐任何隐藏项。Deshpande 和 Karypis[26] 将这种方法称为命中率(hit – rate)。

对于算法可扩展性性评价的标准，常用的有：①运行时间（runtime 或 response time），即基于实验数据集运行算法，记录生成推荐所需时间，以此衡量算法在推荐实时性上能否满足实际应用。②吞吐量（throughput）[71]，即推荐系统每秒生成的推荐数量。

诚如协同过滤领域国际著名学者 Koren[187] 所言，提高准确度并非万灵药（"improved accuracy is not a panacea"），可解释性（explainability）是推荐系统的另一个关键方面。除此而外，更多的评价标准包括覆盖率（coverage）[99, 102, 188]、排序得分（ranked scoring）[107]、均方根误差[127] 等。Herlocker[188]、刘建国[186] 等已对各种评价标准作了详尽而系统地介绍，故这里不再一一介绍。

2.3.2   实验数据集

在推荐系统研究领域常用的数据库包括 MovieLens、EachMovie、BookCrossing、Jester Joke、Netflix、Usenet Newsgroups、UCI 知识库等，详见文献[62] 的介绍。也有采用 IMDb（Internet Movie Database）数据集的，见文献[189]。

本书实验主要基于以下两个数据集进行。

（1）MovieLens 数据集

MovieLens（http：//movielens. org）是一个电影推荐系统，由美国明尼苏达大学开发并公布了两个数据集，其中一个包含了943 位用户对1682 部电影的 100 000 条评分数据，另一个包含 6040 位用户对 3952 部电影的 1 000 209 条评分数据。目前 MovieLens 数据集已在协同过滤研究领域得到广泛使用，是使用人数最多的数据集之一。

（2）Gazelle 数据集

Gazelle. com（www. gazelle. com）是一家成立于美国的电子商务零售

商。Gazelle. com 提供的该公司真实交易数据集和用户访问日志数据集已被研究人员广泛应用于数据挖掘研究领域。

数据集评分数据的稀疏程度可用"稀疏等级"(sparsity level)[9, 32, 33] 来描述。对于 $m \times n$ 维用户 – 项目评分矩阵 R，令 $R_{i,j}$ 表示 R 中第 i 行第 j 列的元素值，则稀疏等级 s 定义为

$$s = 1 - \frac{\text{number of } R_{i,j} \neq \varnothing}{\text{number of } R_{i,j}}, \quad 1 \leqslant i \leqslant m, \quad 1 \leqslant j \leqslant n \quad (2.23)$$

2.3.3　实验方案

协同过滤算法实验方案主要有 All but 1[107]、Given K[107]、5 折交叉检验法(5 – fold cross validation)[147]、10 折交叉检验法[9, 32, 71] 等。

本书主要采用的是 All but 1 方案。该方案是将实验数据集中每个用户的评分数据随机隐藏 1 个，然后基于其他评分数据来预测这些被隐藏评分，通常采用 MAE 作为评价标准。实验过程中可以通过改变最近邻集合大小来观测其对算法的影响程度。

2.4　本 章 小 结

本章介绍了传统协同过滤及其评价方法，主要包括基于用户的协同过滤和基于项目的协同过滤这两种经典算法。其中前者是协同过滤的核心算法。上述两种协同过滤算法都是基于用户 – 项目评分矩阵进行推荐，不同之处在于，前者是计算基于行数据的用户相似性，而后者是计算基于列数据的项目相似性。本章还对协同过滤推荐质量的评价方法进行了介绍，主要包括评价标准、实验数据集和实验方案，这些内容将在后面章节中用到。

第 3 章　面向 KNN 法的稀疏性缓解理论研究

协同过滤是基于用户 – 项目评分矩阵进行推荐服务的，因此如何有效地进行矩阵中未评分项的填补就成为缓解协同过滤稀疏性问题的重要途径。针对这一问题，本章首先提出了非目标用户类型区分理论和领域最近邻理论，使得目标用户的最近邻搜寻更为准确；其次，为防止在用户评分数据极端稀疏时可能出现的领域最近邻用户相似性过低的现象，进一步提出了一种基于 Rough 理论的用户评分项并集未评分值填补方法，这种方法能有效实现用户评分项并集的完备化，是对领域最近邻方法的有效补充。实验结果表明，本章提出的上述稀疏性缓解理论能够有效提高推荐质量。

3.1　相关工作分析

邓爱林等[140, 143]在指出用户评分数据极端稀疏情况下传统相似性度量方法存在不足的基础上，采用目标用户 u 和用户 v 的评分项并集 I'_{uv} 来计算用户相似性，从而提出了基于项目评分预测(item rating prediction) 的协同过滤算法(简写为 IRP – CF)：

设 u、v 的评分项集合分别为 I_u、I_v，则 $I'_{uv} = I_u \cup I_v$。对于 u、v 在 I'_{uv} 中的未评分项 i，可通过寻找 i 的相似邻居项集合来进行评分预测，使得 u、v 对 I'_{uv} 中所有项均有评分，即对于 $\forall p \in I_{uv}$，用户 $i(i \in \{u, v\})$ 对项目 p 的评分为

$$R_{i, p} = \begin{cases} r_{i, p}, & \text{if } i \quad \text{rated} \quad p \\ P_{i, p}, & \text{if } i \quad \text{not} \quad \text{rated} \quad p \end{cases} \tag{3.1}$$

式中，$r_{i,p}$ 表示用户实际评分；$P_{i,p}$ 表示预测评分，然后再使用2.1节中的用户相似性度量方法计算 u、v 的相似性 $\text{sim}(u, v)$，进而生成推荐结果。

IRP – CF 增加了用户之间的共同评分项，因此降低了算法所面临的稀疏性，从而提高了推荐质量。但是，该算法也存在以下不足。

不足①：IRP – CF 需要填补较多的空缺评分值，这种情况下容易产生准确性过低的预测评分而降低用户相似性计算质量，导致目标用户的最近邻搜寻不够准确；

不足②：评分项并集 I'_{uv} 中的用户 v 实际上可分为无推荐能力和有推荐能力两种类型（详见3.2节），而 IRP – CF 未能区别对待，导致其存在不必要的计算耗费。此外，IRP – CF 基于全部用户和项目空间的 $m \times n$ 阶评分矩阵 $R(m, n)$ 上寻找未评分项的相似邻居项集合，因此对于每个未评分项算法都将扫描全体项目空间（实际的电子商务站点商品项可能多达数万甚至数十万种），导致运行时间大幅增加，给推荐实时性带来新的压力。

因此，针对不足①，本章提出领域最近邻理论，在未评分项所属项类中寻找目标用户的最近邻，使得最近邻搜寻更准确，从而有效提高用户相似性计算质量和算法推荐质量。针对不足②，本章提出非目标用户类型区分理论，不予计算无推荐能力用户与目标用户之间的相似性，从而提高了算法运行效率和推荐实时性。

3.2　非目标用户类型区分理论

对于目标用户 u 和用户 v 各自的评分项集合 I_u、I_v 及两者的评分项并集 I'_{uv}（不失一般性，设为 5 分制评分），有如下两种情况。

（1）$I_v \subset I_u$

若 $I_v \subset I_u$，即对于 $\forall i \in I_v$，都有 $i \in I_u$ 成立。例如，图3.1（a）中用户

v 的所有评分项都已被用户 u 评价过，因此 v 不可能向 u 推荐项目，即相对于 u 而言 v 无推荐能力，故无需计算 $\text{sim}(u, v)$。

（2）$I_v \not\subset I_u$

若 $I_v \not\subset I_u$，即 $\exists i \in I_v$ 且 $R_{u, i} = \varnothing$。此时考虑两种不同情况：

1）若 $R_{v, i} \leq R_{\text{med}}$，表明用户 v 对项目 i 不喜欢或无喜好倾向，因此即使 v 是 u 的最近邻也不会向 u 推荐 i（如图 3.1（b）中 v 不会向 u 推荐 I_4），故 v 仍为无推荐能力用户，无需计算 $\text{sim}(u, v)$。

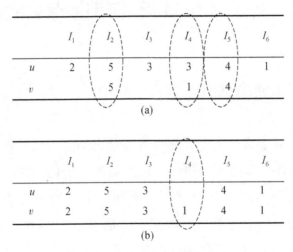

	I_1	I_2	I_3	I_4	I_5	I_6
u	2	5	3	3	4	1
v		5		1	4	

(a)

	I_1	I_2	I_3	I_4	I_5	I_6
u	2	5	3		4	1
v	2	5	3	1	4	1

(b)

图 3.1　v 是无推荐能力用户

2）若 $R_{v, i} > R_{\text{med}}$，表明用户 v 对项目 i 存在喜好，因此当 v 是 u 的最近邻时将向 u 推荐 i（如图 3.2 中 v 能够向 u 推荐 I_4），即 v 属于有推荐能力用户，可考虑计算 $\text{sim}(u, v)$。

	I_1	I_2	I_3	I_4	I_5	I_6
u	2	5	3		4	1
v	2	5	3	5	4	1

图 3.2　v 是有推荐能力用户

综上所述，基于评分项并集计算得到的用户相似性为

$$\text{sim}(u,\ v) = \begin{cases} \text{sim}(\text{DNN} \mid \text{RS}), & \exists i \in I_v \wedge R_{u,\ i} = \varnothing \wedge R_{v,\ i} > R_{\text{med}} \\ \backslash, & \text{otherwise} \end{cases}$$

(3.2)

式中，$\text{sim}(\text{DNN} \mid \text{RS})$ 表示通过领域最近邻（domain nearest neighbor, DNN）或 Rough 集（rough set, RS）理论填补未评分值后计算出的相似性；" $\backslash$ "表示不计算 $\text{sim}(u,\ v)$。

3.3 基于领域最近邻理论的 KNN 法

3.3.1 领域最近邻理论

设用户 v 相对于目标用户 u 是有推荐能力用户，则可以基于领域最近邻进行 I'_{uv} 中未评分项的评分预测。在实际的电子商务站点中，所有商品项都是划分到有限的若干个项类中。例如，最大的中文网上书店当当网（www.dangdang.com）将图书分为文学、管理、计算机等多种类别。由此，设 I_u、I_v 中各个项目所属项类的集合分别为 C_u、C_v，则 C_u 和 C_v 之间存在以下两种情况：

1）若 $C_u \cap C_v = \varnothing$，即 I_u、I_v 各自的项目分布在不同项类，如图 3.3 所示。

	文学			管理			计算机
	I_1	I_2	I_3	I_4	I_5	I_6	I_7
u	2	5	1			5	3
v				4	5		

图 3.3 用户评分项分布在不同项类

从图 3.3 可见，按 IRP – CF 算法将需要填补较多的空缺评分值。这种情况下容易产生准确性过低的预测评分而降低用户相似性计算质量，且其采用的项目相似性计算将扫描全体项目空间，计算量较大。因此本书在 C_u $\cap$ $C_v = \varnothing$ 时对 $\mathrm{sim}(u, v)$ 不作计算。

2）若 $C_u \cap C_v \neq \varnothing$，则需要计算 $\mathrm{sim}(u, v)$。设 $C_t = C_u \cap C_v$，抽取 I'_{uv} 中所有属于 C_t 所含任意项类的项目组成项集 I_t，与 u、v 对 I_t 中所有项目的评分组成评分矩阵 R_t，然后基于领域最近邻对 R_t 中的未评分项进行评分预测。

定义 3.1（领域最近邻） 设用户 u 和用户 v 的评分项类交集为 $C_t = \{c_1, c_2, \cdots, c_g\}$，则对于 $\forall c_i \in C_t (1 \leqslant i \leqslant g)$，择取用户 – 项目评分矩阵 $R(m, n)$ 中所有属于 c_i 的项目评分及相应评分用户集 U_i 组成评分矩阵 R_i，然后基于 R_i 计算 u 与 $u_i \in U_i (u \neq u_i)$ 的相似性 $\mathrm{sim}(u, u_i)$，则 $\mathrm{sim}(u, u_i)$ 最大的前 K' 位用户称为 u 在 c_i 中的领域最近邻。

领域最近邻方法的基本思想有如下两点：

1）在实际应用中用户评分项很少，且通常都根据其兴趣偏好集中在一个或少数几个项目类中，因此目标用户在这些项目类中评分相对稠密，同时由于相似性计算缩小到少数几个项目类中而非整个项目空间，使算法计算量得到大幅减少。

2）商品项类实质上对应着用户的兴趣领域。而两个用户在某个兴趣领域偏好相同，未必在其他兴趣领域也相同，因此不适合基于全体项目空间寻找其最近邻；而在未评分项所属项类中寻找用户最近邻将更准确，也更符合实际生活中的情况。

在寻找领域最近邻的过程中，部分用户对目标用户的未评分项未作过评分，因此不能对该项的推荐提供帮助，在计算相似性时这些用户可以略去。例如，要预测图 3.4 中目标用户 u_1 对文学类项目 I_2 的评分（设为 5 分制评分），需要在对文学类项目作过评分的用户集合 $\{u_2, u_3, u_4, u_5, u_6\}$ 中寻找 u_1 的文学类最近邻。由于 u_3、u_4 对 I_2 没有评分，故候选领域最近

邻用户集减为 $\{u_2,\ u_5,\ u_6\}$，从而有利于降低相似性计算量。

用户	文学					
	I_1	I_2	I_3	I_4	I_5	I_6
u_1	2		5	1	5	2
u_2		5	2	1	1	
u_3	2		4	2	5	2
u_4	5			3		5
u_5	2	4	5	2	5	
u_6		5	1	3	4	3

图 3.4　略去对推荐无帮助的用户

设 u 在项类 c 中的领域最近邻集合为 $U_c = \{u_1,\ u_2,\ \cdots,\ u_{K'}\}$，则对于评分矩阵 R_t 中的项目 $i \in c$ 且 $R_{u,\ i} = \varnothing$，u 对 i 的评分值 P_i 可由领域最近邻对 i 的评分进行加权逼近得到：

$$P_i = \overline{R}_u + \frac{\sum\limits_{u_k \in U_c} \text{sim}(u,\ u_k) \times (R_{u_k,\ i} - \overline{R}_{u_k})}{\sum\limits_{u_k \in U_c} (\,|\,\text{sim}(u,\ u_k)\,|\,)} \tag{3.3}$$

式中，$\text{sim}(u,\ u_k)$ 表示用户 u 与用户 u_k 之间的相似性，$u_k \in U_c (1 \leqslant k \leqslant K')$；$R_{u_k,\ i}$ 表示 u_k 对 i 的评分；$\overline{R}_u$ 和 $\overline{R}_{u_k}$ 分别表示 u 和 u_k 在 c 中的平均评分。

通过领域最近邻方法完成对 R_t 中用户 u、v 未评分项的评分预测，则 R_t 中任意项目 i 的评分 R_i 为

$$R_i = \begin{cases} r_i, & r_i \neq \varnothing \\ P_i, & \text{otherwise} \end{cases} \tag{3.4}$$

式中，r_i 表示来自 $R(m,\ n)$ 的原始评分；P_i 表示采用领域最近邻方法得出的预测评分。

3.3.2 基于领域最近邻的 KNN 法描述

由于 R_t 中的所有项目都已有评分数据，因此可以采用2.1节中的用户相似性度量方法计算 $\mathrm{sim}(u, v)$。类似地，可计算出 u 与用户空间中其他用户的相似性，然后取相似性从大到小排列的前 K 个用户作为 u 的最近邻集合 $U = \{u_1, u_2, \cdots, u_K\}$，$u \notin U$ 且 $\mathrm{sim}(u, u_k)(1 \leqslant k \leqslant K)$ 由大到小排列，$\mathrm{sim}(u, u_k)$ 为 u 与 u_k 的相似性。

在得到 u 的最近邻集合 U 后，设 U 中各用户的评分项集合分别为 I_1，I_2，$\cdots$，I_K，I_u 为 u 的评分项集合，令项目集合 $I_w = I_1 \cup I_2 \cup \cdots \cup I_K - I_u$，则对于 $\forall i \in I_w$，$R_{u, i} = \varnothing$，从而可采用式(3.5)预测 u 对 i 的评分值，记为 $P_{u, i}$：

$$P_{u, i} = \overline{R}_u + \frac{\sum\limits_{u_k \in U} \mathrm{sim}(u, u_k) \times (R_{u_k, i} - \overline{R}_{u_k})}{\sum\limits_{u_k \in U}(|\mathrm{sim}(u, u_k)|)} \tag{3.5}$$

式中，$R_{u_k, i}$ 表示 u_k 对项目 i 的非空评分；$\overline{R}_{u_k}$ 表示 u_k 在与 u 的共同评分项集上的平均评分[32]；$\overline{R}_u$ 表示 u 在所有项目上的平均评分。然后按 $P_{u, i}$ 值从大到小取前 N 个项目组成 top – N 推荐集 $I_{rec} = \{i_1, i_2, \cdots, i_N\}$ 并将其推荐给目标用户 u，从而完成整个推荐过程。

算法 3.1　基于领域最近邻的 KNN 法(简写为 DNN – based CF)

输入：用户 – 项目评分矩阵 $R(m, n)$，领域最近邻用户数 K'，最近邻用户数 K，推荐集 I_{rec} 项目数 N。

输出：目标用户 u 的 top – N 推荐集 I_{rec}。

过程：

Step 1：设目标用户 u 和用户 v 的评分项集合分别为 I_u、I_v，评分项所属项类集合分别为 C_u、C_v，则 u 和 v 的评分项并集 $I'_{uv} = I_u \cup I_v$，按照3.2节的方法判别 v 是否为有推荐能力用户；

Step 2：若 v 属于有推荐能力用户，则当 $C_u \cap C_v \neq \varnothing$ 时，令 $C_t = C_u \cap C_v$，抽取 I_{uv} 中所有属于 C_t 所含任意项类的项目组成项集 I_t，与 u、v 对 I_t 中所有项目的评分组成评分矩阵 R_t；

Step 3：按照定义 3.1 寻找 u 在 $\forall c_i \in C_t$ 中的领域最近邻；

Step 4：使用式（3.3）对 u 在 R_t 中未评分的 c_i 所属项目进行评分预测；

Step 5：循环执行 Step 3 ~ Step 4，完成对 R_t 中用户 u 所有未评分项的评分预测，类似地可完成对 R_t 中用户 v 所有未评分项的评分预测，从而采用 2.1 节的用户相似性度量方法来计算 u、v 的相似性 $\text{sim}(u, v)$；

Step 6：循环执行 Step 1 ~ Step 5，得到 u 与其他用户的相似性，取相似性从大到小排列的前 K 个用户作为 u 的最近邻集合 $U = \{u_1, u_2, \cdots, u_K\}$；

Step 7：对于 u 在最近邻评分项集合中的未评分项 i，即 $R_{u, i} = \varnothing$，采用式（3.5）预测 u 对 i 的评分 $P_{u, i}$；

Step 8：按 $P_{u, i}$ 值从大到小取前 N 个项目组成 top–N 推荐集 $I_{\text{rec}} = \{i_1, i_2, \cdots, i_N\}$，输出后结束。

本书提出的 DNN–based CF 相对于 IRP–CF 在时间复杂度上的具体改进如下：

1）IRP–CF 基于全体项目空间搜寻未评分项 i 的相似邻居项目，故搜寻时间复杂度为 $O(m \times n)$，其中 m 表示用户总数，n 表示项目总数。DNN–based CF 由于只在 i 所属项类 c 中搜寻用户最近邻，因此搜寻时间复杂度为 $O(m \times n_{ci})$，其中 n_{ci} 表示对 i 作过评分的所有用户在 c 中的评分项总数。若令 n_c 表示 c 中的项目总数，则有 $n_{ci} \leqslant n_c << n$，因此可得 $O(m \times n_{ci}) \approx O(m) < O(m \times n)$。

2）DNN–based CF 不计算两种用户与目标用户之间的相似性，一是无推荐能力用户，二是在目标用户评分项所分布项类中无评分的用户，从而进一步提高了用户最近邻的搜寻速度。

3.3.3 实验结果及分析

3.3.3.1 实验环境、数据集和评价标准

（1）实验环境

实验所用 PC 机的配置为 Intel Pentium 4 2.66GHz CPU、1GB RAM，操作系统是 Windows XP，算法程序采用 PowerBuilder 9.0 实现，数据库为 Access 2003。

（2）实验数据集

实验采用的 MovieLens 数据集包含了 943 位用户对 1682 部电影的 100 000 条评分数据。为了分析实验数据集的样本量成倍增加时对算法性能的影响，从该数据集随机抽取 100 位、200 位、300 位用户的评分数据组成 3 个数据集，分别记为 DS100、DS200、DS300，表 3.1 和图 3.5 给出了这 3 个数据集各自的用户数量、电影数量、评分数量、稀疏等级及评分值分布统计。实验采用 All but 1 方案，将实验数据集每个用户的评分数据随机隐藏 1 个组成测试集，然后基于其他评分数据（即训练集）来预测这些被隐藏评分。

表 3.1   实验数据统计

统计指标	数据集		
	DS100	DS200	DS300
用户总数	100	200	300
电影总数	1 292	1 436	1 486
评分总数	10 143	19 255	29 826
用户最大评分项数	685	685	685

统计指标	数据集		
	DS100	DS200	DS300
用户最小评分项数	20	20	20
用户平均评分项数	101.43	96.28	99.42
稀疏等级 s	0.9215	0.9330	0.9331

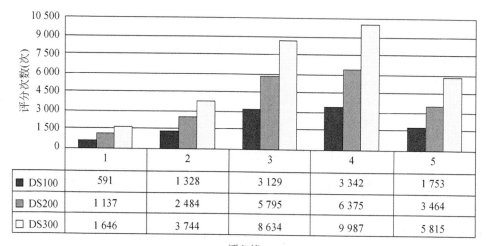

	1	2	3	4	5
■ DS100	591	1 328	3 129	3 342	1 753
▨ DS200	1 137	2 484	5 795	6 375	3 464
□ DS300	1 646	3 744	8 634	9 987	5 815

评分值

图 3.5　评分值分布统计

（3）评价标准

实验采用统计精度度量方法中广泛使用的平均绝对误差（mean absolute error，MAE）。

3.3.3.2　实验结果及分析

实验 3.1　算法评分预测质量比较

本实验基于稀疏等级最小的 DS100 数据集进行。实验取领域最近邻用户数 K' 为 20，用户相似性度量方法采用 Pearson 相关系数。在最近邻用户

数 K 分别取 4、8、12、16、20 时，运行本章提出的基于领域最近邻的 KNN 法（DNN - based CF）和文献[118]的算法（IRP - CF），计算在不同最近邻用户数时 DNN - based CF 和 IRP - CF 各自的 MAE。实验结果如图 3.6 所示。

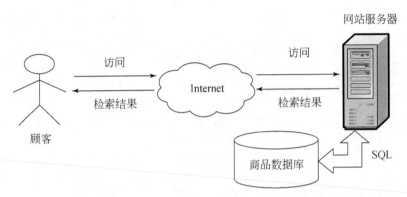

图 3.6   算法的评分预测质量比较

由图 3.6 可知，DNN - based CF 具有更小的 MAE。这是由于用户可能存在多个兴趣领域，且这些兴趣领域彼此之间并不必然相关，因此在对未评分项进行评分预测时，采用领域最近邻方法得到的最近邻与目标用户的兴趣偏好更为接近，对预测工作的帮助更大，使得预测结果更准确，从而提高了推荐质量。而 IRP - CF 使用基于项目相似性的评分预测来填补用户评分项并集中的未评分值，但该方法需要在两个用户之间的评分项目对集合上实施；由于有时存在评分项目对集合为空的现象，则相应的未评分值只得用 0 值填补，这导致 IRP - CF 的 MAE 变大。

实验 3.2   数据集样本量成倍增加时对算法性能的影响

由表 3.1 可知，DS100、DS200、DS300 的评分数量分别为 10 143、19 255、29 826，其比例约为 1∶2∶3。本组实验在这 3 个数据集上运行 DNN - based CF 并计算相应的 MAE。实验结果如图 3.7 和图 3.8 所示。

从图 3.7 中可以看到，DNN - based CF 在 DS300 上的 MAE 最小，而在 DS100 上的 MAE 最大；当最近邻数量增加到 20 时，算法在 DS100、

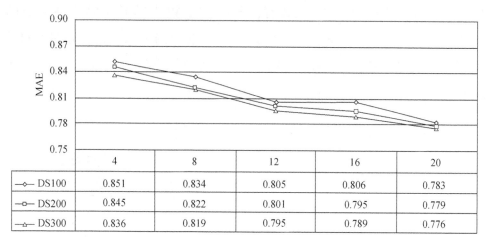

图 3.7　数据集大小对 DNN – based CF 的影响

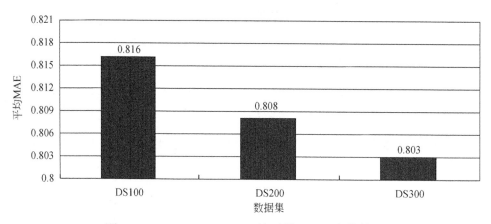

图 3.8　DNN – based CF 的平均 MAE 变化情况

DS200、DS300 上的 MAE 最为接近。图 3.8 显示，当用户数量从 100 位扩大到 200 位、300 位用户时，DNN – based CF 的平均 MAE 分别小幅下降了0.008 和 0.013，下降幅度分别为 0.980%、1.593%。

　　由此可知，当实验数据集的样本量成倍增加时对 DNN – based CF 算法性能的影响是良性的，即 DNN – based CF 的推荐质量随样本量增加而得到小幅提高。经分析认为，这是由于电影类别数量相对固定，因此当实验数据集变大后各个电影类别对应的用户及评分数量均随之增多，使得 DNN - based CF 更容易找到相似性高的领域最近邻，从而预测用户评分项并集中的空缺评分值时更准确，最终使算法的 MAE 得到降低。

3.4 基于 Rough 集理论的 KNN 法

在用户评分数据极端稀疏的情况下，领域最近邻的搜寻有时可能难以完成，即领域最近邻与目标用户之间的相似性过低。对此，本章提出了一种基于 Rough 集理论的 KNN 法，仍然以用户评分项并集作为用户相似性计算基础，以非目标用户类型区分理论作为理论基础，对于无推荐能力用户不计算其与目标用户的相似性以改善推荐实时性，对于有推荐能力用户则提出一种基于 Rough 集理论的评分预测方法来填补评分项并集中的缺失值，从而降低数据稀疏性。

算法设计原则　　参照 Lemire 和 Maclachlan[182] 给出的鲁棒性协同过滤算法特点，本书提出新算法的两条设计原则：

1）易于实现和维护。新算法的过程应尽量简洁，以方便编程实现和后续维护。

2）合理的推荐质量。新算法的推荐质量应高于传统最近邻算法，且相对于有代表性的最近邻改进算法具有竞争力，同时推荐质量的小幅提高不以算法简洁性和可扩展性的较大牺牲为代价。

3.4.1 基于 Rough 集理论的未评分项填补方法

Rough 集理论是由波兰科学家 Pawlak[190] 于 1982 年首先提出的一种数据分析理论，用于反映人们以不完全信息或知识去处理不可分辨现象的能力，或依据观察、度量到的某些不精确结果进行数据分类的能力，从而为处理信息不确定、不精确、不完善系统提供了一种新型数学工具，已在文本分类、决策分析等多个领域得到应用。Rough 集理论假设信息系统仅包含精确（准确、可靠）数据，任何对象的任何属性都有唯一精确值。然而现实中的信息系统通常是不完备信息系统，即系统中包含一些不确定性信息，表达为含一个或多个缺失值的决策表（信息表）。Slowinski 和 Stefanowski[191] 分析了不确定性的四种因素：离散化处理、非精确数据、缺失值、多重描述符。其中，缺失值指相应属性值未知及不可用，因此需要在数据预处理阶段对其进行填补以实现信息系统的完备化。

对于协同过滤而言，用户 u、v 的评分项并集 I_{uv} 即为典型的不完备信息系统，因此可基于 Rough 集理论对 I_{uv} 中的未评分值进行填补。文献 [192] 给出了基于相似关系模型[193] 的缺失值填补方法，充分考虑了数据之间的相容性和属性之间的依赖关系，通过结合投票策略可以得到较好的填补效果，但也存在两点不足：① 某些对象不存在相容类；② 当某些对象的相容类中对象不唯一时投票策略有可能失效。由于一个不完备信息系统通常可用一张决策表表示，即表中的对象映射为决策者，属性映射为决策方案，属性值映射为决策者对决策方案的评分，因此本书从群体决策角度对该方法进行了改进，以便更好地对 I_{uv} 进行未评分值填补。

定义 3.2（不完备信息系统）　不完备信息系统 I 可以定义为四元组 $\langle U, A, V, f \rangle$，其中有限非空集合 U 是论域，A 为关于 U 的属性集，$V = \bigcup_{a \in A} V_a$，$V_a$ 表示属性 a 的值域，映射 $f: U \times A \to V$ 表示对 $\forall x \in U$，$a \in A$，有 $f(x, a) \in V$，且 I 中至少有一个对象的属性值存在缺失值 " $*$ "，即 $\exists a(x) = *$。

定义 3.3（不可分辨关系）　A 的任何一个子集 B 确定一个 U 上的二元关系 $\mathrm{IND}(B)$：对于 $\forall a \in B$，$x\mathrm{IND}(B)y \leftrightarrow a(x) = a(y)$；$x, y \in U$；$a(x)$ 表示对象 x 的 a 属性值，则称 $\mathrm{IND}(B)$ 为不可分辨关系。显然 $\mathrm{IND}(B)$ 是等价关系。

定义 3.4[192]　设不完备信息系统 $I = \langle U, A, V, f \rangle$，对于 $\forall x \in U$，属性子集 $B \subseteq A \wedge B \neq \varnothing$，称 $B(x) = \{a: a \in B \wedge a(x) \neq *\}$ 为对象 x 的

B 相关属性集，称 $x_B = \langle a(x): a \in B \rangle$ 为 x 关于 B 的特征值组。

这里假设 A 中的属性是有序的，因此 B 中的属性也是有序的，故 x_B 是有序的。

定义 3.5[192] 设 $B \subseteq A$ 为非空属性子集，S_B 是 U 上的二元关系，对于 $a \in B(x) \cap B(y)$ 及 $\forall x, y \in U$，有

$$x S_B y \quad iff \quad a(x) = a(y)$$

则称 S_B 是 U 上的相似关系。

定理 3.1[192] 若 S_B 是 U 上的相似关系，则 S_B 一定是相容关系。

定义 3.6[192] 对于信息系统 $I = \langle U, A, V, f \rangle$ 及 $\forall x, y \in U$，若 $x S_B y$，则称 x 与 y 相容。所有与 x 相容的对象集称为相容类，记为 $S_B(x)$。

由此，对于 $\forall x \in U$，其属性 a 的填补值 $v(x, a)$ 可根据 x 的相容类在 a 上的取值来得到，即对于 $\exists y \in S_B(x)$ 且 $a(y)$ 已定义，则

$$v(x, a) = \{a(y): y \in S_B(x)\} \tag{3.6}$$

定义 3.7(群体偏好趋同性) 对方案 $a \in A$；决策者 $x \in U$；$a(x) = \varnothing$，$a(x)$ 的取值将最大可能地与多人决策群体保持一致，称为群体偏好趋同性。

定义 3.8(简单多数规则) 对任意方案 $a \in A$；决策者 $x \in U$，将 x 认为 a 好表示为 $pos(x, a)$，将 x 认为 a 差表示为 $neg(x, a)$，则多人决策群体偏好 a 当且仅当多人决策群体中认为 a 好的决策者人数(记为 P)多于认为 a 差的决策者人数(记为 Q)，即

$$|\{p \mid pos(x_p, a)(p = 1, 2, \cdots, P)\}| > |\{q \mid neg(x_q, a)$$
$$(q = 1, 2, \cdots, Q)\}| \tag{3.7}$$

简单多数规则与群体决策中的康铎尔瑟特(M. de Condorcet)选择函数[194] 类似，不同之处在于简单多数规则仅针对单个属性进行投票，因此避免了康铎尔瑟特选举悖论(paradox of voting)。

定义 3.9(向域) 对于不完备信息系统 I 上的 $\forall a \in A$，以评价中值(记为 a_{med})为界，将所有 $x \in U$ 给予的最大非空评价基数所在区域称为属

性 a 的向域，记为 $\updownarrow(a)$。

例如，图3.9(a)为一个不完备信息系统，其属性 a_1、a_2、a_3 的值域均为 $[1，2，3，4，5，6，7，8，9]$，则评价中值为5，a_1、a_2、a_3 各自的向域分别在上域、下域、下域，如图3.9(b)所示。

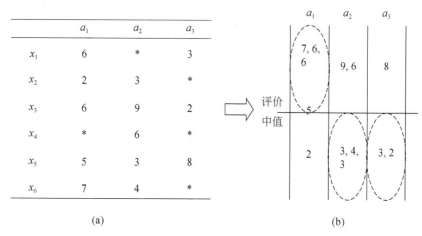

(a)　　　　　　　　　　(b)

图3.9　一个不完备信息系统的向域

定义 3.10(向域值)　对于不完备信息系统 I 上的 $\forall a \in A$，将位于属性 a 向域内的对象集评价和称为属性 a 的向域值，记为 $v(\updownarrow(a))$，则有

$$v(\updownarrow(a)) = \sum_{x \in \updownarrow(a)} \{a(x) \mid a \in A \wedge a(x) \neq \varnothing\} \tag{3.8}$$

类似地，将位于属性 a 上域内的对象集评价和称为属性 a 的上域值[记为 $v(\uparrow(a))$]，将位于属性 a 下域内的对象集评价和称为属性 a 的下域值[记为 $v(\downarrow(a))$]，则 $v(\uparrow(a))$、下 $v(\downarrow(a))$ 分别为

$$v(\uparrow(a)) = \sum_{x_i \in \uparrow(a)} |a(x_i) - a_{\text{med}}| \tag{3.9}$$

$$v(\downarrow(a)) = \sum_{x_j \in \downarrow(a)} |a(x_j) - a_{\text{med}}| \tag{3.10}$$

规定所有与评价中值相等的属性值不参与向域值的计算。例如，图3.9中属性 a_1、a_2、a_3 的向域值分别为4、5、5。

下面对属性 a 的向域作两点补充。

1）若属性 a 的上域和下域评价基数相等，即

$$\mathrm{card}(\uparrow(a)) = \mathrm{card}(\downarrow(a)) \tag{3.11}$$

则取 $\max\{v(\uparrow(a)), v(\downarrow(a))\}$ 的对应区域作为属性 a 的向域。

2）若属性 a 的上域和下域评价基数相等，且上域值与下域值也相等，即

$$\{\mathrm{card}(\uparrow(a)) = \mathrm{card}(\downarrow(a))\} \wedge \{v(\uparrow(a)) = v(\downarrow(a))\} \tag{3.12}$$

则取论域 U 为属性 a 的向域。

定义 3.11（简单多数规则率） 称对象 $x \in U$ 在 $\forall a \in A \wedge a(x) \neq \varnothing$ 上满足简单多数规则[记为 $\mathrm{meet}(x, a)$] 的比例 $\gamma(x)$ 为 x 在 A 上的简单多数规则率：

$$\gamma(x) = \frac{\mathrm{card}(x \mid x \in U, \ a \in A \wedge a(x) \neq \varnothing, \ \mathrm{meet}(x, a))}{\mathrm{card}(x \mid x \in U, \ a \in A, \ a(x) \neq \varnothing)}$$

$$\tag{3.13}$$

规定若 $\gamma(x) < 0.5$ 则令 $\gamma(x)$ 取经验值 0.5，以控制 $\gamma(x)$ 不致过低。

根据上述定义，本书给出缺失值 $v'(x, a)$ 的计算式为

$$v'(x, a) = \frac{v(\updownarrow(a))}{\mathrm{card}(x \mid x \in \updownarrow(a))} \times \gamma(x) \tag{3.14}$$

式中，$\mathrm{card}(x \mid x \in \updownarrow(a))$ 表示属性 a 向域内的非空评分对象基数。

算法 3.2 基于 Rough 集理论的未评分值填补

输入：用户 – 项目评分矩阵 $\boldsymbol{R}(m, n)$。

输出：填补未评分值后的用户评分项并集 I_{uv}。

过程：

Step 1：将用户 – 项目评分矩阵映射为不完备信息系统 $I = \langle U, A, V, f \rangle$，即 U 对应用户空间，A 对应项目空间，V 对应评分值；

Step 2：生成用户 u、v 的评分项并集 I_{uv}；

Step 3：对于 I_{uv} 中含未评分值的 $a \in A$，在 $\boldsymbol{R}(m, n)$ 上计算 a 的向域值 $\updownarrow(a)$；

Step 4：在 $\boldsymbol{R}(m, n)$ 上计算 a 对应用户 x 的相容类 $S_B(x)$：

若 $S_B(x) \neq \varnothing$ 且 $S_B(x)$ 的值域不存在多众数或无众数，则计算 x 在 A 上的简单多数规则率 $\gamma(x)$，并采用式(3.14)计算 $v'(x, a)$，然后转 Step 6；

否则转 Step 5；

Step 5：采用式(3.14)计算 $v'(x, a)$；

Step 6：采用四舍五入算子 round( ) 对 $v'(x, a)$ 进行处理：
$$v'(x, a) \leftarrow \text{round}(v'(x, a))$$

Step 7：根据 $v'(x, a)$ 填补未评分值：
$$a(x) \leftarrow v'(x, a)$$

Step 8：循环 Step 3 ～ Step 7，完成对所有未评分值的填补；

Step 9：输出无未评分值的用户评分项并集 I_{uv}，结束。

3.4.2　基于 Rough 集理论的 KNN 法描述

算法 3.3　基于 Rough 集的 KNN 法(简写为 RS – based CF)

输入：用户 – 项目评分矩阵 $R(m, n)$，最近邻用户数 k，top – N 推荐集项 I_{rec} 的项目数 N，推荐系统评分制中值 R_{med}。

输出：目标用户 u 的 top – N 推荐项集 I_{rec}。

过程：

Step 1：从 $R(m, n)$ 中分别提取目标用户 u 与任意用户 $v(v \neq u)$ 的评分项集，设为 I_u、I_v，从而得到用户 u、v 的评分项并集 $I_{uv} = I_u \cup I_v$；

Step 2：若 $I_v \not\subset I_u \wedge R_{v, i} > R_{\text{med}}$，对于 I_{uv} 中所有未评分值，即 $R_{u, i} = \varnothing \cup R_{v, i} = \varnothing$，采用算法 3.2 进行填补；

Step 3：使用 2.1 节中的用户相似性计算方法求得 $\text{sim}(u, v)$；

Step 4：循环执行 Step 1 ～ Step 4，得到 u 与其他用户的相似性，从而择取相似性最大的前 k 个用户作为 u 的最近邻集合 $U = \{u_1, u_2, \cdots, u_K\}$；

Step 5：设 U 中各用户的评分项集合分别为 $I_1, I_2, \cdots, I_K$，I_u 为 u 的

评分项集合，令项目集合 $I_w = I_1 \cup I_2 \cup \cdots \cup I_K - I_u$，则对于 $\forall i \in I_w$，$R_{u,i}$ $= \varnothing$，从而采用式(3.5)预测 u 对 i 的评分 $P_{u,i}$，并按 $P_{u,i}$ 值从大到小取前 N 个项目组成推荐集 $I_{rec} = \{i_1, i_2, \cdots, i_N\}$；

Step 6：输出 u 的 top – N 推荐项集 I_{rec}，结束。

3.4.3 实验结果及分析

3.4.3.1 实验环境、数据集和度量标准

（1）实验环境

实验所用 PC 机的配置为 Intel Pentium 4 2.66GHz CPU、1GB RAM，操作系统是 Windows XP，算法程序采用 PowerBuilder 9.0 实现，数据库为 Access 2003。

（2）实验数据集

从包含943位用户对1682部电影的100 000条评分数据的 MovieLens 数据集中随机抽取 600 位用户的评分数据组成实验数据集，具体情况如表3.2 和图3.10 所示。

表 3.2 实验数据统计

统计指标	统计结果
用户总数	600
电影总数	1625
评分总数	64635
用户最大评分项数	737
用户最小评分项数	20
用户平均评分项数	107.7
稀疏等级 s	0.9337

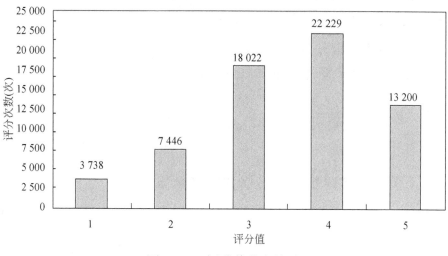

图 3.10　评价值分布统计

(3) 评价标准

推荐质量的评价标准主要有统计精度和决策支持精度两类方法[32]。实验采用属于前者的平均绝对误差(MAE)来考察算法的评分预测质量，采用属于后者的 ROC 敏感度来考察算法的 top − N 推荐质量。MAE 越小越好，ROC 曲线下方面积越大越好。因 MovieLens 采用 5 分制评分，故定义评分大于或等于 4 的项为"好" 项，否则为"差" 项，相应的 ROC 敏感度记为 ROC − 4。

3.4.3.2　实验结果及分析

实验采用以下三种算法进行比较：

1) 传统最近邻算法[9](记为 KNN)；

2) 基于项目评分预测的协同过滤算法[140](记为 IRP − CF)；

3) 本章提出的基于 Rough 集理论的 KNN 法(记为 RS − based CF)。

实验采用 All but 1 方案，即将实验数据集中每个用户的评分数据随机隐藏 1 个，然后基于其他评分数据来预测这些被隐藏评分。用户相似性度量方法采用 Pearson 相关系数。

实验 3.3　算法评分预测质量比较

在最近邻用户数 k 分别取 4、8、12、16、20、24、28、32 时，根据 All but 1 方案，分别运行 KNN、IRP – CF、RS – based CF 得到预测值，进而求得不同最近邻用户数时上述 3 种算法各自的 MAE。实验结果如图 3. 11 所示。

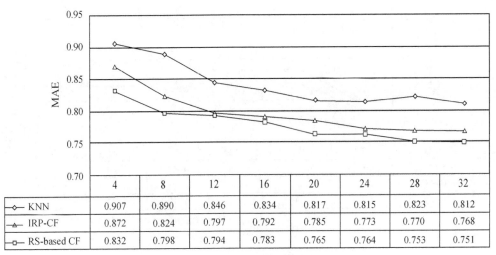

	4	8	12	16	20	24	28	32
◇ KNN	0.907	0.890	0.846	0.834	0.817	0.815	0.823	0.812
△ IRP-CF	0.872	0.824	0.797	0.792	0.785	0.773	0.770	0.768
□ RS-based CF	0.832	0.798	0.794	0.783	0.765	0.764	0.753	0.751

最近邻数量

图 3. 11　算法评分预测质量比较

由图 3. 11 可知，RS – based CF 的 MAE 最小，说明其评分预测质量高于 KNN 和 IRP – CF。这是由于 RS – based CF 以用户评分项并集而非交集作为相似性计算基础，从而增加了用户之间的共同评分项，使得相似性度量更加准确，因此推荐质量优于 KNN。IRP – CF 使用基于项目相似性的评分预测来填补用户评分项并集中的未评分值，但经过分析发现，该方法需要在用户评分项交集上实施，但由于有时存在评分项交集为 Φ 的现象，从而不得不以 0 值来填补，以致影响到算法的 MAE。RS – based CF 采用基于 Rough 集理论的填补方法则能够实现评分项并集的完备化，使算法 MAE 得到降低。

实验 3.4　算法 top – N 推荐质量比较

下面进行两组实验：

1）令推荐项数 $N = 10$，在最近邻用户数 k 分别取 5、10、15、20、25、30 时，运行 KNN、IRP – CF、RS – based CF 得到各个用户的 top – 10 推荐项集，进而求得在不同用户数量时 3 种算法各自的平均 ROC – 4。实验结果如图 3.12(a) 所示。

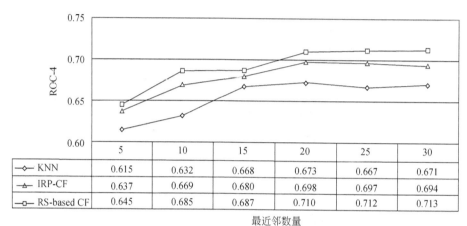

	5	10	15	20	25	30
—◇— KNN	0.615	0.632	0.668	0.673	0.667	0.671
—△— IRP-CF	0.637	0.669	0.680	0.698	0.697	0.694
—□— RS-based CF	0.645	0.685	0.687	0.710	0.712	0.713

最近邻数量

(a) *N*=10时算法的ROC-4比较

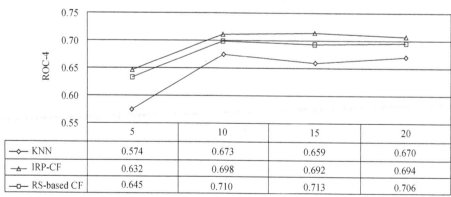

	5	10	15	20
—◇— KNN	0.574	0.673	0.659	0.670
—△— IRP-CF	0.632	0.698	0.692	0.694
—□— RS-based CF	0.645	0.710	0.713	0.706

推荐项数*N*

(b) *k*=20时算法的ROC-4比较

图 3.12　算法 top – N 推荐质量比较

2) 令最近邻用户数 $k = 20$,在推荐项数 N 分别取 5、10、15、20 时,运行 KNN、IRP − CF、RS − based CF 得到各个用户的 top − N 推荐项集,进而求得 3 种算法各自的 ROC − 4。实验结果如图 3.12(b) 所示。

由图 3.12 可看到,两组实验中 KNN 的 ROC 曲线均在最下方,说明其 top − N 推荐质量最差,而 RS − based CF 的 top − N 推荐质量则高于 IRP − CF 和 KNN。当 N 取 5 ~ 10、k 取 15 ~ 25 时,IRP − CF 和 RS − based CF 的 top − N 推荐质量比较接近。

实验 3.5　改变数据规模时的算法评分预测和 top − N 推荐质量比较

将实验数据规模缩小到 150 位用户后(表 3.3),相应的数据稀疏等级为 0.9305,低于缩小规模前的 0.9337(稀疏等级降低了 0.34%),即用户评分相对稠密一点,这有利于比较算法在不同稀疏程度下的推荐质量。分别抽取 150 位用户和 600 位用户的评分数据进行算法实验的结果及比较如表 3.4 ~ 表 3.6 和图 3.13 ~ 图 3.15 所示。

表 3.3　实验数据统计

统计指标	统计结果		
	150 位用户	600 位用户	变动情况
用户总数	150	600	↓ 75%
电影总数	1359	1625	↓ 16.37%
评分总数	14168	64635	↓ 78.08%
用户最大评分项数	435	737	↓ 40.98%
用户最小评分项数	20	20	↔
用户平均评分项数	94.5	107.7	↓ 12.26%
稀疏等级 s	0.9305	0.9337	↓ 0.34%

表 3.4　改变最近邻数量时的算法 MAE

k	KNN		IRP − CF		RS − based CF	
	150 位用户	600 位用户	150 位用户	600 位用户	150 位用户	600 位用户
4	0.912	0.907	0.877	0.872	0.839	0.832

k	KNN		IRP – CF		RS – based CF	
	150 位用户	600 位用户	150 位用户	600 位用户	150 位用户	600 位用户
8	0.893	0.890	0.826	0.824	0.806	0.798
12	0.852	0.846	0.806	0.797	0.795	0.794
16	0.839	0.834	0.795	0.792	0.781	0.783
20	0.821	0.817	0.782	0.785	0.773	0.765
24	0.826	0.815	0.778	0.773	0.765	0.764
28	0.813	0.823	0.782	0.770	0.751	0.753
32	0.809	0.812	0.773	0.768	0.753	0.751

表 3.5 $N = 10$ 时的算法 ROC – 4 实验结果

k	KNN		IRP – CF		RS – based CF	
	150 位用户	600 位用户	150 位用户	600 位用户	150 位用户	600 位用户
5	0.612	0.615	0.632	0.637	0.643	0.645
10	0.629	0.632	0.664	0.669	0.682	0.685
15	0.663	0.668	0.678	0.680	0.683	0.687
20	0.665	0.673	0.697	0.698	0.706	0.710
25	0.654	0.667	0.692	0.697	0.709	0.712
30	0.672	0.671	0.687	0.694	0.708	0.713

表 3.6 $k = 20$ 时的算法 ROC – 4 实验结果

N	KNN		IRP – CF		RS – based CF	
	150 位用户	600 位用户	150 位用户	600 位用户	150 位用户	600 位用户
5	0.568	0.574	0.629	0.632	0.637	0.645
10	0.665	0.673	0.697	0.698	0.706	0.710
15	0.654	0.659	0.683	0.692	0.708	0.713
20	0.662	0.670	0.675	0.694	0.697	0.706

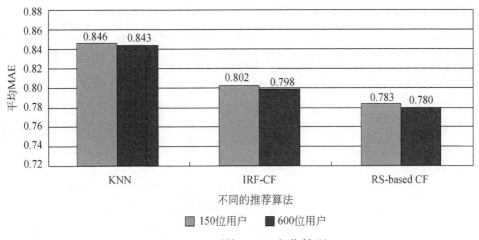

图 3.13　平均 MAE 变化情况

表 3.4 和图 3.13 显示，RS－based CF 的 MAE 最小，可算得其平均 MAE 为 0.78，这说明 3 种算法中 RS－based CF 的评分预测质量最高。当用户数量从 600 位缩小到 150 位用户后，可算得 KNN、IRP－CF、RS－based CF 的平均 MAE 分别随之小幅上升 0.003、0.004 和 0.003，上升幅度分别为 0.356%、0.501%、0.385%。

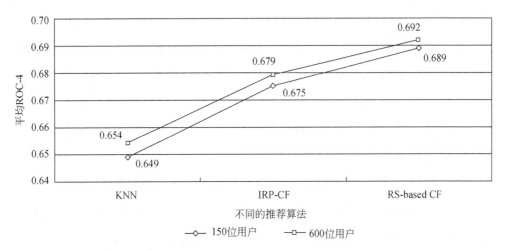

图 3.14　$N = 10$ 时的平均 ROC－4 变化情况

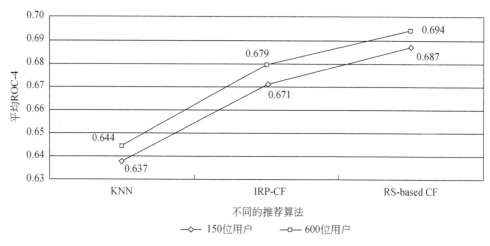

图 3.15 $k=20$ 时的平均 ROC – 4 变化情况

表 3.5 和表 3.6 分别给出了当推荐项数 $N=10$ 和最近邻用户数 $k=20$ 时 3 种算法的 ROC – 4 值，从中可见 RS – based CF 具有最高的 ROC – 4；图 3.14 和图 3.15 则分别给出了当推荐项数 $N=10$ 和最近邻用户数 $k=20$ 时 3 种算法的平均 ROC – 4，从中可见 RS – based CF 的平均 ROC – 4 最大，分别为 0.692 和 0.694。上述实验结果说明 RS – based CF 的 top – N 推荐质量最高。当用户数量从 600 位缩小到 150 位用户后，KNN、IRP – CF、RS – based CF 的平均 ROC – 4 分别随之小幅下降，可算得当 $N=10$ 时，下降幅度分别为 0.765% 、0.589% 、0.44%；当 k = 20 时，下降幅度分别为 1.087% 、1.178% 、1.009%。

经分析认为，由于实验数据集的电影类别数量相对固定，因此当实验数据规模为 600 位用户时各个电影类别对应的用户及评分数量均较 150 位用户时多得多，使得推荐算法更容易找到相似性高的最近邻用户，最终使得在 600 位用户时的算法 MAE 得到降低且 ROC – 4 得到提高。这与 3.4.3 节中对基于领域最近邻的 KNN 法进行实验得到的结论类似。因此，在改变实验数据规模后，本书算法的推荐质量仍优于传统最近邻算法和基于项目评分预测的协同过滤算法；而用户评分数据的增加可使推荐算法的推荐质量得到小幅改善。

综合实验 3.3 ～ 实验 3.5 的结果可知，本书提出的基于 Rough 集理论的 KNN 法在评分预测和 top－N 推荐两方面均优于传统最近邻算法和基于项目评分预测的协同过滤算法，这表明本书算法能够有效提高推荐质量。

3.5　本章小结

基于项目评分预测的协同过滤推荐算法[140, 143] 将用户评分项并集作为用户相似性计算基础，但其对目标用户的最近邻搜寻不够准确，且算法存在不必要的计算耗费。本书进一步将用户评分项并集中的非目标用户区分为无推荐能力和有推荐能力两种类型，对于无推荐能力用户不再计算其与目标用户的相似性，从而提高算法效率和改善推荐实时性；对于有推荐能力用户，则在其与目标用户存在共同评分项类时提出领域最近邻理论对用户评分项并集中的未评分项进行评分预测，从而使最近邻寻找更加准确。实验结果表明，本书提出的基于领域最近邻的 KNN 法能有效提高推荐质量。

由于用户评分数据在极端稀疏的情况下可能会使得领域最近邻的用户相似性过低。对此本章提出了一种基于 Rough 理论的用户评分项并集未评分值填补方法，这种方法能有效实现用户评分项并集的完备化；将该方法应用于协同过滤评分矩阵的未评分值估算，从而对领域最近邻方法作出了有效地补充。实验结果表明，基于 Rough 理论的 KNN 法(RS－based CF) 在评分预测质量和 top－N 推荐质量两方面均优于传统最近邻算法和基于项目评分预测的协同过滤算法。

第4章　基于用户访问项序的冷启动消除方法研究

在用户评分极端稀疏的情况下，协同过滤将面临冷启动(cold - start)[9, 101]问题，具体可分为新用户问题(new user problem)和新项目问题(new item problem)。本章针对新用户问题，首先提出了用户访问项序理论，通过 Web 日志来获取用户访问项序，并定义了 n 序访问解析逻辑将其分解为用户访问子序集，在此基础上设计了用户访问项序的相似性计算方法来搜寻新用户的最近邻集合，使得最近邻用户与新用户之间具有相同或相似的用户访问项序，从而提出改进的最频繁项提取算法 IMIEA，以获取最近邻用户的最频繁项并得到面向新用户的 top - N 推荐；然后，基于最近邻用户与新用户的用户访问项序集合建立 Markov 链模型，从而实现对新用户下一步访问商品项的导航推荐。实验结果表明，本章提出的新用户推荐方法能够有效实现面向新用户的商品推荐，消除了协同过滤冷启动中的新用户问题。

4.1　相关工作分析

冷启动[9, 101]问题是稀疏性问题的极端情况，也称为第一评价人问题(first - rater problem)[9, 104]或早期评价人问题(early - rater problem)[88, 105]，具体可分为新用户问题和新项目问题，即当新用户(新项目)进入推荐系统后，由于还未提供(接受)任何项目(用户)的评分，导致系统无法向新用户推荐其可能喜欢的项目(或将新项目推荐给可能喜欢它的用户)。在协同过滤推荐系统刚投入运行时，每个用户在每个项目上都将面临冷启动问题。"然而对一个电子商务站点来说，在用户与站点交互的早期阶段就能够提供有效的个性化服务对提高客户保留度和客户购买率具有重要作用"[106]，因此新用户问题相对于新项目问题显得尤为突出和重要。

考虑一个电子商务网站的新用户，他／她没有提供任何评分数据，也没有任何购买记录，因此传统的协同过滤算法无法进行推荐服务。但是，新用户必然会在网站上浏览一定数量的商品页面，这些页面实质上也就体现了该用户的兴趣偏好。对此，一些研究者采用$k-$means聚类[195-197]、模糊聚类[198]等方法对用户访问路径进行研究，但他们都没有考虑用户对Web页面的访问顺序。

在研究用户访问路径的过程中不难发现，我们不仅要考虑用户访问了哪些Web页面，也要考虑用户访问Web页面的顺序，即用户访问的有序性，因为用户访问页面的先后顺序反映了用户兴趣的动态变化。例如，用户u_1、u_2、u_3各自的访问页面按时间先后顺序排列如下：

$$u_1: p_1 \to p_3 \to p_4 \to p_2 \to p_5 \to p_3$$
$$u_2: p_2 \to p_4 \to p_3 \to p_5 \to p_3$$
$$u_3: p_3 \to p_4 \to p_2 \to p_5 \to p_3$$

从以上访问内容来看，用户u_1、u_2、u_3均访问了页面集合$\{p_2, p_3, p_4, p_5\}$。但是从访问路径来看，u_3和u_1的访问顺序保持一致，而u_2与u_1的访问顺序大相径庭，因此用户u_1、u_3之间的相似性大于u_1与u_2的相似性。

为了充分体现用户在访问路径上的有序性，王实等[199]提出了一种K$-$path聚类方法对用户访问路径进行聚类。但该方法是基于$k-$means聚类算法设计的，导致"经常中止于一个局部最优解"[199]。

除了有序性之外，对于电子商务个性化推荐服务而言，用户的访问路径还具有一个特殊性，就是由于电子商务网站为了更好地进行用户导航，为用户提供了多种不同的到达某个具体商品项页面的链接方法，使得用户可以通过不同的 Web 页面链接转到该商品页面。例如，用户既可以通过网站的商品分类导航页一步步进入直至到达特定商品所在的页面，也可以直接通过网站首页的"站内搜索"功能直接输入该商品的关键字进行查找，从而在查找结果列表中点击该商品的链接跳转到相应的商品页面。这就使得用户访问路径中可能有相当一部分页面是该用户在寻找其感兴趣商品项的过程中经过的导航页和分类页。因此，对于同样的一个用户访问同一项商品，由于采用了不同的访问方法，将会导致访问路径差别很大。如果使用传统的访问路径比较方法，如上面所述的 K – path 聚类[199]，将会判定两条访问路径不相似，从而将这两条路径归入不同的聚类。

但是，对于电子商务网站的经营者而言，他最关心的是用户究竟访问了哪些商品，以便据此判断用户的兴趣偏好。而对于用户通过哪些网页转到这些商品页面的问题，则显得较为次要。因此，与传统的单纯基于用户访问路径进行用户相似性分析的思路不同，本书以用户访问项序作为用户相似性的计算依据，这不仅可以大幅度减少用户访问路径长度、突出用户访问商品项的有序性，并且可以使用户相似性计算更为合理和准确。

根据上述思路，本章需要解决以下三个子问题：

1）如何得到用户的商品项访问序列（即用户访问项序）？

2）如何基于用户访问项序给出面向新用户的 top – N 推荐？

3）如何基于用户访问项序建立 Markov 链模型，从而为新用户进行商品导航推荐？

4.2　用户访问项序理论

4.2.1　用户访问项序的获取

定义 4.1（Web 站点的有向图模型）　对于任意一个 Web 站点，其拓扑结构可表示为一个有向图 $G = \langle P, E \rangle$。其中，P 是该 Web 站点页面的 URL 集合；E 是各个页面间的超链接集合，即 G 中有向边的集合。

定义 4.2（用户访问项序）　设用户 u 访问的所有商品项集合为 $I(u)$ 且 $I(u)$ 的大小为 $|I(u)| = n$，则 u 的用户访问项序 $S(u)$ 为一个单向动态增长序列，可将 $S(u)$ 表示为一个五元组：

$$\langle u.\mathrm{ip},\ u.\mathrm{uid},\ \{\{I_k.\mathrm{iid},\ I_k.\mathrm{url},\ I_k.\mathrm{time}\}^n\rangle$$

式中，$u.\mathrm{ip}$、$u.\mathrm{uid}$ 分别表示用户的 IP 地址和 ID 标识符；$\{I_k.\mathrm{iid},\ I_k.\mathrm{url},\ I_k.\mathrm{time}\}$（$1 \leqslant k \leqslant n \leqslant N$）表示用户 u 访问的第 k 个商品项的 ID 标识符、URL 地址及访问时间，$\{I_k.\mathrm{url}\}^n \in P$；$n$ 表示用户访问项序的长度，等于 $S(u)$ 中的商品项总数；N 表示该网站的商品项总数。通常情况下，有 $n \ll N$，即用户根据其兴趣偏好通常只会访问网站很小一部分商品。随着用户访问网站次数和时间的增加，该用户的用户访问项序也会不断增长。

下面给出用户访问项序的具体获取步骤。

步骤 1：对网站的 Web 日志进行预处理，找出用户访问记录集合。

电子商务网站用户在网站上的访问历史数据是由站点 Web 服务器自动记录在日志中。服务器日志文件的格式如表 4.1 所示。

在提取用户访问记录的过程中，最重要的工作就是新用户的识别。广义上的新用户包括：①已注册但未作出评分/购买行为的用户；②未注册的匿名用户。对于前者而言，通过用户 ID 识别他们是简单的；对于后者而言，由于本地缓存技术和代理服务器的广泛使用，要想准确识别每一个匿名用户并不容易，因此对匿名用户的识别需要遵循一定的准则。本书给出以下两条匿名用户识别准则。

准则 4.1　在 Web 访问日志中，若两条访问记录的 IP 地址相同，但代理日志显示两条访问记录所使用的操作系统或浏览器类型不同，则上述两条访问记录分别属于两个不同的匿名用户。

准则 4.2　在 Web 访问日志中，若两条访问记录的 IP 地址相同，但用户当前请求的页面同用户已浏览的页面之间无任何超链接，则上述两条访问记录分别属于两个不同的匿名用户。

步骤2：对于用户访问记录，根据用户 IP、用户 ID 及商品项 ID 识别和提取用户对商品项的访问记录，并按照访问时间进行排序，形成该用户对商品项的有序访问记录集合，从而得到我们所需要的用户访问项序。用户访问项序是本章进行面向新用户的 top – N 推荐和商品导航推荐的基础。

表4.1　服务器日志文件格式[200]

Field （域）	Description （描述）
date	Date, time, and timezone of request（请求日期、时间、时区）
client IP	Remote host IP and / or DNS entry（客户端 IP 地址和／或 DNS 入口）
user name	Remote log name of the user（客户端用户名）
bytes	Bytes transferred（sent and received）（收发字节数）
server	Server name, IP address and port（服务器名、IP 地址和端口号）
request	URI query and stem（URL 请求和详细地址）
status	http status code returned to the client（返回给客户端的状态码）
service name	Requested service name（被请求的服务名）
time taken	Time taken for transaction to complete（事务完成的用时）
protocol version	Version of used transfer protocol（使用的传输协议版本）
user agent	Service provider（服务提供者）
cookie	Cookie ID（Cookie 的 ID 标识符）
referrer	Previous page（前一页）
…	…

4.2.2　n 序访问解析逻辑

一个用户访问项序可以解析为多个不同长度的访问序列。下面首先给出用户访问子序的概念。

定义 4.3（用户访问子序）　用户 u 的一个用户访问子序 $k-S(u)$ 是指 u 的长度为 n 的用户访问项序 $S(u)$ 中任意一个长度为 $k(1 \leqslant k \leqslant n)$ 的访问序列。随 k 值的不同可得到不同长度的 $k-S(u)$，所有 $k-S(u)$ 则构成用户 u 的用户访问子序集 $\bigcup_{1 \leqslant k \leqslant n} \{k-S(u)\}$。$k-S(u)$ 是 $S(u)$ 中从第 $I_{(n-k+1)}$ 个商品项开始取连续 k 个商品项的访问序列，即

$$k-S(u) = \langle u.\text{ip}, u.\text{uid}, \{I_{(n-k+i)}.\text{iid}, I_{(n-k+i)}.\text{url}, I_{(n-k+i)}.\text{time}\}^{1 \leqslant i \leqslant k} \rangle \tag{4.1}$$

式 (4.1) 可简化表示为

$$k-S(u) = I_{(n-k+1)}.\text{iid} \rightarrow I_{(n-k+2)}.\text{iid} \rightarrow \cdots \rightarrow I_{(n-k+k)}.\text{iid} \tag{4.2}$$

由式 (4.2) 可知，当 $k=1$ 时，$1-S(u)$ 表示用户 u 访问的某一个商品项，$\bigcup_{k=1} \{k-S(u)\}$ 即为 u 访问的 n 个商品项的集合；当 $k=n$ 时，$n-S(u)$ 即为用户 u 的用户访问项序 $S(u)$。下面给出不同 k 值时的 $\bigcup_{1 \leqslant k \leqslant n} \{k-S(u)\}$ 规模：

$$\left| \bigcup_{1 \leqslant k \leqslant n} \{k-S(u)\} \right| = \begin{cases} n, & k=1 \\ n-k+1, & 1 < k < n \\ 1, & k=n \end{cases} \tag{4.3}$$

例如，设用户 u 的用户访问项序 $S(u) = I_1.32 \rightarrow I_2.65 \rightarrow I_3.27 \rightarrow I_4.28$，则其用户访问子序集 $\bigcup_{1 \leqslant k \leqslant n} \{k-S(u)\}$ 如表 4.2 所示。

表 4.2　用户访问子序集

用户访问项序	$1-S(u)$	$2-S(u)$	$3-S(u)$	$4-S(u)$
$S(u)$	$I_1.32$ $I_2.65$ $I_3.27$ $I_4.28$	$I_1.32 \rightarrow I_2.65$ $I_2.65 \rightarrow I_3.27$ $I_3.27 \rightarrow I_4.28$	$I_1.32 \rightarrow I_2.65 \rightarrow I_3.27$ $I_2.65 \rightarrow I_3.27 \rightarrow I_4.28$	$I_1.32 \rightarrow I_2.65 \rightarrow I_3.27 \rightarrow I_4.28$

下面讨论如何从用户 u 的用户访问项序 $S(u)$ 得到 u 的用户访问子序集 $\underset{1 \leqslant k \leqslant n}{\cup} \{k-S(u)\}$。对此，本章提出基于循环遍历思想的 n 序访问解析逻辑来得到所有长度的 $k-S(u)$。

定义 4.4（n 序访问解析逻辑）　n 序访问解析逻辑 $\mathrm{ADL}^{(n)}$ 是一个四元组：

$$\mathrm{ADL}^{(n)} = \langle \vec{\cup}, \sum, \psi, l^{(n)} \rangle$$

其中，

1) $\vec{\cup} = \{ \underset{1 \leqslant k \leqslant n}{\cup} \{k-S(u)\} \}$，表示一个有限的有向序列集合；

2) $\sum = \{I_1.\mathrm{iid}, \cdots, I_k.\mathrm{iid}\}$，表示 $\vec{\cup}$ 中所有序列的节点集合，$I_k.\mathrm{iid}$ 表示用户在有向序列上所访问的商品项（k 是根据用户访问时间顺序的编号赋值），$\vec{\cup} \cap \sum = \underset{k=1}{\cup} \{k-S(u)\}$；

3) ψ 是序列起始符且满足 $\psi \cap \sum \neq \Phi$；

4) $l^{(n)}$ 是具有 $l^n: (I_i.\mathrm{iid} \rightarrow I_j.\mathrm{iid}) \mid^{1 \leqslant i \leqslant j \leqslant n}$ 形式的有限导出规则集，同时满足且必须满足如下性质：

第一，存在性，即

$$\{I_i.\mathrm{iid}, \underset{i < g < j}{\forall} I_g.\mathrm{iid}, I_j.\mathrm{iid}\} \in \sum$$

第二，完备性，即

$$\mid \underset{i < g < j}{\cup} I_g.\mathrm{iid} \mid = j - i - 1$$

第三，有序性，即

$$\underset{i<g<j}{\forall} I_{g-1}. \text{iid} \neq \Phi, \quad \underset{i<g<j}{\forall} I_{g+1}. \text{iid} \neq \Phi$$

4.2.3　用户访问项序的相似性计算方法

对于两个不同的用户，在计算用户访问项序的相似性时不能仅仅对其作直接比较，而是应该在两个用户各自的用户访问子序集上进行比较。也就是说，既要考虑两个用户共同访问过的商品项数量，也要考虑两个用户的用户访问子序的交集大小（这反映了用户访问商品项的动态性和有序性）。

设用户 u、$v(u \neq v)$ 各自的用户访问项序分别为 $S(u)$、$S(v)$，$|S(u)|=n$，$|S(v)|=m$，则用户访问项序的相似性 $\text{sim}(S(u), S(v))$ 可以分解为基于 k 序的项序相似性和基于 $\max(n, m)$ 序的项序相似性这两个部分分别计算，然后进行组合处理得到唯一值。

4.2.3.1　基于 k 序的项序相似性

令 $\text{sim}(u, v)|_{k-S(v)}^{k-S(u)}$ 表示在长度为 $k(1 \leqslant k \leqslant \min(n, m))$ 的用户访问子序集 $\underset{k}{\cup}\{k-S(u)\}$ 上的相似性，则对于用户 u、v 的用户访问子序集的并集 $S_k = (\underset{1 \leqslant k \leqslant n}{\cup}\{k-S(u)\}) \cup (\underset{1 \leqslant k \leqslant m}{\cup}\{k-S(v)\})$，在计算 $\text{sim}|_{k-S(v)}^{k-S(u)}$ 时需要比较相同子序出现的次数。

令 $|S_k|=h$，S_k^i 表示 S_k 中的第 $i(1 \leqslant i \leqslant h)$ 个用户访问子序，$S_k^i(u)$、$S_k^i(v)$ 分别表示 S_k^i 在 $\underset{k}{\cup}\{k-S(u)\}$、$\underset{k}{\cup}\{k-S(v)\}$ 中出现的次数，则可用 $k \times 2$ 阶矩阵 $M_{u,v}(k, 2)$ 来表示用户 u、v 在长度为 $k(1 \leqslant k \leqslant \min(n, m))$ 的用户访问子序集 $\underset{k}{\cup}\{k-S(u)\}$ 上的相似性：

$$M_{u,v}(k, 2) = \begin{bmatrix} & S_k^1 & S_k^2 & \cdots & S_k^h \\ u & S_k^1(u) & S_k^2(u) & \cdots & S_k^h(u) \\ v & S_k^1(v) & S_k^2(v) & \cdots & S_k^h(v) \end{bmatrix} \tag{4.4}$$

根据 $M_{u,v}(k,2)$ 我们可以将 $\bigcup\limits_{k}\{k-S(u)\}$、$\bigcup\limits_{k}\{k-S(v)\}$ 表示为向量 $\vec{S}_{u,k}$、$\vec{S}_{v,k}$：

$$\vec{S}_{u,k} = (S_k^1(u),\ S_k^2(u),\ \cdots,\ S_k^h(u)) \tag{4.5}$$

$$\vec{S}_{v,k} = (S_k^1(v),\ S_k^2(v),\ \cdots,\ S_k^h(v)) \tag{4.6}$$

从而，我们可以采用向量相似性计算方法来计算 $\vec{S}_{u,k}$、$\vec{S}_{v,k}$ 之间的相似性 $\mathrm{sim}(\vec{S}_{u,k},\ \vec{S}_{v,k})$：

$$
\begin{aligned}
\mathrm{sim}(\vec{S}_{u,k},\ \vec{S}_{v,k}) &= \frac{\vec{S}_{u,k} \cdot \vec{S}_{v,k}}{\|\vec{S}_{u,k}\|_2 \times \|\vec{S}_{v,k}\|_2} \\[2mm]
&= \frac{\sum\limits_{i=1}^{h} S_k^i(u,j) \cdot S_k^i(v,j)}{\sqrt{\sum\limits_{i=1}^{h} S_k^{i\,2}(u,j)} \cdot \sqrt{\sum\limits_{i=1}^{h} S_k^{i\,2}(v,j)}}
\end{aligned}
\tag{4.7}
$$

即有

$$\mathrm{sim}(u,v)\Big|_{k-S(v)}^{k-S(u)} = \frac{\sum\limits_{i=1}^{h} S_k^i(u,j) \cdot S_k^i(v,j)}{\sqrt{\sum\limits_{i=1}^{h} S_k^{i\,2}(u,j)} \cdot \sqrt{\sum\limits_{i=1}^{h} S_k^{i\,2}(v,j)}} \tag{4.8}$$

从而，用户 u、v 在各个 k 长度的用户访问子序集上的相似性 $\mathrm{sim}(u,v)\Big|_{k-S(u),\,k-S(v)}^{1\leqslant k\leqslant \min(n,m)}$ 为

$$
\begin{aligned}
\mathrm{sim}(u,v)\Big|_{k-S(u),\,k-S(v)}^{1\leqslant k\leqslant \min(n,m)} &= \frac{\sum\limits_{k=1}^{\min(n,m)} \left(\lambda_k \cdot \mathrm{sim}(u,v)\Big|_{k-S(v)}^{k-S(u)}\right)}{\min(n,m)} \\[3mm]
&= \frac{\sum\limits_{k=1}^{\min(n,m)} \left(\lambda_k \cdot \dfrac{\sum\limits_{i=1}^{h} S_k^i(u,j) \cdot S_k^i(v,j)}{\sqrt{\sum\limits_{i=1}^{h} S_k^{i\,2}(u,j)} \cdot \sqrt{\sum\limits_{i=1}^{h} S_k^{i\,2}(v,j)}}\right)}{\min(n,m)}
\end{aligned}
\tag{4.9}
$$

式(4.9)中，λ_k 为 $sim(u, v)\,|_{k-S(v)}^{k-S(u)}$ 在 $sim(u, v)\,|_{k-S(u),\,k-S(v)}^{1\leqslant k\leqslant\min(n,\,m)}$ 中的权重，且需要满足

$$\sum_{k=1}^{\min(n,\,m)} \lambda_k = 1 \tag{4.10}$$

k 值越大，则相应的权重 λ_k 越大。也就是说，两个用户之间的共同访问子序越长，则这两个子序之间的相似性越大，表示两个用户的兴趣偏好越相近。现在的问题是，如何赋予合理的权重 λ_k？

首先令 $\lambda_k = k \cdot x$，从而为

$$\sum_{k=1}^{\min(n,\,m)} \lambda_k = \sum_{k=1}^{\min(n,\,m)} k \cdot x = 1 \tag{4.11}$$

则有

$$\sum_{k=1}^{\min(n,\,m)} k \cdot x = [1 + 2 + \cdots + k + \cdots + \min(n,\,m)] \cdot x$$

$$= \frac{\min(n,\,m) \cdot [\min(n,\,m) + 1]}{2} \cdot x$$

$$= 1 \tag{4.12}$$

由式(4.12)可求得

$$x = \frac{2}{\min(n,\,m) \cdot [\min(n,\,m) + 1]} \tag{4.13}$$

因此，权重 λ_k 为

$$\lambda_k = k \cdot x = \frac{2k}{\min(n,\,m) \cdot [\min(n,\,m) + 1]} \tag{4.14}$$

从而有 $\sum_{k=1}^{\min(n,\,m)} \lambda_k = 1$，故 $sim(u, v)\,|_{k-S(u),\,k-S(v)}^{1\leqslant k\leqslant\min(n,\,m)}$ 被改写为

$$sim(u, v)\,|_{k-S(u),\,k-S(v)}^{1\leqslant k\leqslant\min(n,\,m)} = \frac{\displaystyle\sum_{k=1}^{\min(n,\,m)} \left(\lambda_k \cdot sim(u, v)\,|_{k-S(v)}^{k-S(u)}\right)}{\min(n,\,m)}$$

$$= \frac{\displaystyle\sum_{k=1}^{\min(n,\,m)} \left(\frac{2k}{\min(n,\,m) \cdot [\min(n,\,m) + 1]} \cdot \frac{\displaystyle\sum_{i=1}^{h} S_k^i(u, j) \cdot S_k^i(v, j)}{\sqrt{\displaystyle\sum_{i=1}^{h} S_k^{i\,2}(u, j)} \cdot \sqrt{\displaystyle\sum_{i=1}^{h} S_k^{i\,2}(v, j)}} \right)}{\min(n,\,m)}$$

$$\tag{4.15}$$

4.2.3.2 基于 max(n, m) 序的项序相似性

对于两个用户 u、v 的用户访问项序 $S(u)$、$S(v)$，由于很多时候 $|S(u)| \neq |S(v)|$（等同于 $n \neq m$），即 u、v 的用户访问项序长度不同，因此传统的向量相似性以及绝对值距离（Manhattan）、欧式距离（Euclidean）、麦考斯基距离等相似性计算方法[201]均无法直接应用与比较 $S(u)$ 与 $S(v)$ 在 max(n, m) 序上的相似性。

对此，本书借鉴自然语言处理领域广泛应用的 Levenshtein 距离[202]（Levenshtein distance，也称 edit distance，用于计算两个多维向量之间的相似性）的思想来计算基于 max(n, m) 序的项序相似性 $\text{sim}(u, v)\big|^{n-S(u),\, m-S(v)}$。

1）首先将 $S(u)$、$S(v)$（即 $n - S(u)$、$m - S(v)$）分别表示为向量 $\vec{S}_{u,n}$、$\vec{S}_{v,m}$，令 $S_{u,n}^i$、$S_{v,m}^j$ 分别表示 $\vec{S}_{u,n}$、$\vec{S}_{v,m}$ 中的任意一个商品项，其中 $1 \leq i \leq n$，$1 \leq j \leq m$；

2）基于 max(n, m) 序的项序相似性 $\text{sim}(u, v)\big|^{n-S(u),\, m-S(v)}$ 将通过由向量 $\vec{S}_{u,n}$ 转化为 $\vec{S}_{v,m}$ 所需要进行的增加、删除、替换三种操作的次数来体现。

基于 max(n, m) 序的项序相似性算法描述如下：

1）定义一个 $n \times m$ 阶矩阵，以存储距离值；

2）初始化 $(n+1) \times (m+1)$ 阶矩阵 $M_{n+1,m+1}$，并让第一行和第一列的值从 0 开始增长。扫描向量 $\vec{S}_{u,n}$、$\vec{S}_{v,m}$，若 $S_{u,n}^i = S_{v,m}^j$，用变量 temp 记为 0；否则 temp 记为 1。然后将矩阵的 $M_{n+1,m+1}[i, j]$ 赋值为

$$M_{n+1,m+1}[i, j] = \min \begin{cases} (M_{n+1,m+1}[i-1, j] + 1), \\ (M_{n+1,m+1}[i, j-1] + 1), \\ (M_{n+1,m+1}[i-1, j-1] + \text{temp}) \end{cases} \quad (4.16)$$

3）扫描结束后，返回矩阵的最后一个值即 $M_{n+1,m+1}[n, m]$，即为向

量 $\vec{S}_{u,n}$、$\vec{S}_{v,m}$ 之间的距离。由于 $\max(M_{n+1,m+1}[n,m]) = \max(n,m)$，则基于 $\max(n,m)$ 序的项序相似性定义为

$$\text{sim}(u,v)\big|^{n-S(u),\,m-S(v)} = 1 - \frac{M_{n+1,m+1}[n,m]}{\max(n,m)} \qquad (4.17)$$

4.2.3.3　用户访问项序相似性 $\text{sim}(S(u),S(v))$

将基于 k 序的项序相似性 $\text{sim}(u,v)\big|^{1\leqslant k\leqslant\min(n,m)}_{k-S(u),\,k-S(v)}$ 和基于 $\max(n,m)$ 序的项序相似性 $\text{sim}(u,v)\big|^{n-S(u),\,m-S(v)}$ 进行综合处理，以得到用户访问项序相似性 $\text{sim}(S(u),S(v))$：

$$\text{sim}(S(u),S(v)) = \sqrt{\text{sim}(u,v)\big|^{1\leqslant k\leqslant\min(n,m)}_{k-S(u),\,k-S(v)} \times \text{sim}(u,v)\big|^{n-S(u),\,m-S(v)}}$$

$$= \sqrt{\frac{\displaystyle\sum_{k=1}^{\min(n,m)}\left(\frac{\dfrac{2k}{\min(n,m)\cdot[\min(n,m)+1]}\cdot\dfrac{\displaystyle\sum_{i=1}^{h}S_k^i(u,j)\cdot S_k^i(v,j)}{\sqrt{\displaystyle\sum_{i=1}^{h}S_k^{i\,2}(u,j)}\cdot\sqrt{\displaystyle\sum_{i=1}^{h}S_k^{i\,2}(v,j)}}}{\min(n,m)}\right)\cdot\left(1-\frac{M_{n+1,m+1}[n,m]}{\max(n,m)}\right)}$$

$$\qquad\qquad (4.18)$$

4.3　基于访问项序最近邻的 top - N 推荐

在完成对新用户 u 与用户访问记录中其他用户的相似性计算后，我们就可以抽取 $\text{sim}(S(u),S(v))$ 值最大的前 r 个用户组成新用户 u 的最近邻集合，然后通过最频繁项提取算法向新用户作出 top - N 推荐。方法是：扫描最近邻集合的用户访问项序，统计这些最近邻用户访问的各个商品的次数，然后将访问次数最高且新用户 u 还未访问过的前 $N(N$ 值通常取 10)个商品项作为 top - N 推荐项集反馈给新用户 u。

最近邻数量 r 的大小关系到是否能够完成 N 个最频繁项的搜寻，也就是说如果 r 过小可能会得不到足够的 N 个最频繁项。根据 Herlocker[55] 等的研究结果，在真实环境中最近邻用户数量设为 20 ~ 50 比较合理，即 $r \in [20, 50]$。若基于这 20 ~ 50 个最近邻的用户访问项序并不能得到 N 个最频繁项，则可将 r 的值进一步放大，直到完成 top – N 最频繁项集的搜寻。

但是，最频繁项提取算法只考虑了最近邻用户对商品项的访问次数，而未考虑各个最近邻用户与新用户的用户访问项序相似性大小对 top – N 推荐的影响。理论上讲，与新用户之间具有最大用户访问项序相似性的最近邻用户所访问的商品项相对于其他用户访问的商品项更具有推荐价值，即便这些商品项被访问的次数相同。因此，本书综合考虑商品项访问次数及访问用户相对于新用户的重要性，提出了一个改进的最频繁项提取算法：IMIEA(improved most – frequent items extracting algorithm)。

IMIEA 算法的基本描述如下。

Step 1：对于最近邻用户集合 NUS 已访问但新用户 u 未访问的任意商品项 I_k，即 $\forall I_k \in \cup (1 - S(u_r))$，其中 u_r 为最近邻集合 NUS 中访问过 I_k 的任意用户，设 I_k 被最近邻用户访问的次数为 $C(I_k)$，则 I_k 的推荐值 $v(I_k)$ 采用式(4.19) 计算：

$$v(I_k) = \sum_{u_r \in \text{NUS}} (\text{sim}(S(u), S(v))) \cdot C(I_k)$$
$$= \sum_{u_r \in \text{NUS}} C(I_k)$$

$$\cdot \sqrt{\frac{\sum_{k=1}^{\min(n, m)} \left(\frac{\frac{2k}{\min(n, m) \cdot [\min(n, m) + 1]} \cdot \frac{\sum_{i=1}^{h} S_k^i(u, j) \cdot S_k^i(v, j)}{\sqrt{\sum_{i=1}^{h} S_k^{i^2}(u, j)} \cdot \sqrt{\sum_{i=1}^{h} S_k^{i^2}(v, j)}}}{\min(n, m)} \right)} \cdot \left(1 - \frac{M_{n+1, m+1}[n, m]}{\max(n, m)} \right)$$

$$(4.19)$$

Step 2：选择 $v(I_k)$ 最大的前 N 个商品项作为 top $-$ N 推荐项集反馈给新用户：

$$I_{rec} = \{I_k \mid \text{argmax}(v(I_k))\} \tag{4.20}$$

4.4 基于 Markov 链模型的商品导航推荐

在4.3节我们已经得到新用户的最近邻用户集合，这些最近邻用户均与新用户具有相同或相似的访问项序，从而可以基于最近邻用户与新用户的用户访问项序来建立相应的 Markov 链模型，以实现面向新用户的商品导航推荐。

4.4.1 Markov 链与概率转移矩阵

下面是从文献[203]和[204]中引用的部分 Markov 链基础知识。

定义 4.5(Markov 链) 设随机变量序列 $\{X_t, t \geq 0\}$ 的状态空间 $X = \{x_1, x_2, \cdots, x_n\}$ 是离散的，如果对于 $\forall t \geq 0$ 及任意的状态 $i, j, i_0, \cdots, i_{t-1} \in X$ 都有

$$P\{X_{t+1} = j \mid X_t = i, X_{t-1} = i_{t-1}, \cdots, X_0 = i_0\} = P\{X_{t+1} = j \mid X_t = i\} \tag{4.21}$$

恒成立，则称 $\{X_t, t \geq 0\}$ 所构成的随机过程为一个 Markov 链。

记 $P_{ij}(t) = P\{X_{t+1} = j \mid X_t = i\}$，如果 $P_{ij}(t)$ 与时刻 t 无关，即对于任意不同的时刻 t_1, t_2 都有 $P_{ij}(t_1) = P_{ij}(t_2)$，则称此 Markov 链为齐次 Markov 链。

在以实际问题为背景的 Markov 链的研究中，人们首先关心的是，经过时间 n，过程到达某些状态的概率有多大，以及需要多长时间才能到达这些状态。这类问题的描述首先涉及 Markov 链的转移特性——Markov 链的 n 步转移概率矩阵族。

定义 4.6(概率转移矩阵) 记

$$p_{ij}(n, m) = P(X_m = j \mid X_n = i), \qquad m \geqslant n \qquad (4.22)$$

并定义无穷矩阵

$$P(n, m) = (p_{ij}(n, m)) \qquad (4.23)$$

由于此无穷矩阵的分量都是非负的且不超过 1，易见这种无穷矩阵的乘法满足结合律，又因为

$$p_{ij}(n, n) \overset{\text{def}}{=} \delta_{ij} = \begin{cases} 1, & i = j \\ 0, & i \neq j \end{cases} \qquad (4.24)$$

所以 $P(n, n) = I$(无穷单位矩阵)。特别地，$P(n, n+1)$ 称为时刻 n 到时刻 $n+1$ 的概率转移矩阵，而 $P(n, n+k)$ 就称为从 n 出发的 k 步概率转移矩阵。

命题 4.1 概率转移矩阵族满足以下性质：

记 I 为分量全是 1 的无穷行向量(矩阵)，其维数与此 Markov 链的状态数一致，则有

(P. 1) $0 \leqslant p_{ij}(n, m) \leqslant 1$, $P(n, m)I^{\mathrm{T}} = I^{\mathrm{T}}$(上标 T 表示转置运算)

(P. 2)(Chanpman – Kolmogorov 方程) 对于 $\forall l \geqslant m \geqslant n$ 有

$$P(n, l) = P(n, m)P(m, l) \qquad (4.25)$$

写成分量形式如下：

$$p_{ij}(n, l) = \sum_k p_{ik}(n, m)p_{kj}(m, l) \qquad (4.26)$$

证明：验证(P. 1)，

$$\sum_j p_{ij}(n, m) = \sum_j P(X_m = j \mid X_n = i)$$
$$= P(\bigcup_j \{X_m = j\} \mid X_n = i) = P(\text{全集 } \Omega \mid X_n = i) = 1$$

$$(4.27)$$

验证(P. 2)，

$$\sum_k p_{ik}(n, m)p_{kj}(m, l) = \sum_k P(X_m = k \mid X_n = i)P(X_l = j \mid X_m = k)$$
$$= \sum_k P(X_m = k \mid X_n = i)P(X_l = j \mid X_m = k, X_n = i)$$

$$= \sum_k P(X_l = j, \ X_m = k \mid X_n = i)$$

$$= P(\bigcup_k \{X_l = j, \ X_m = k\} \mid X_n = i)$$

$$= P(X_l = j \mid X_n = i) \tag{4.28}$$

Markov 链的转移概率 $\{p_{ij}: i, j \in S\}$（或者说转移概率矩阵 P）是刻画 Markov 链的统计特征的基本量。事实上，一个 Markov 链可由其初始状态 X_0 的统计性质（即其初始分布 $\mu_i^{(0)} = P(X_0 = i)$）以及其转移概率矩阵 P 所完全确定，即定理 4.1。

定理 4.1（Markov 链的有限维分布）　若 Markov 链 $\{X_n: n \geq 0\}$ 的初始分布为 $\mu_i^{(0)} = P(X_0 = i)$，其转移概率矩阵为 $P = (p_{ij})$，则 $\{X_n: n \geq 0\}$ 的有限维分布为

$$P(X_0 = i_0, \ X_1 = i_1, \ \cdots, \ X_n = i_n) = \mu_{i_0}^{(0)} p_{i_0 i_1} p_{i_1 i_2} \cdots p_{i_{n-1} i_n}, \ \forall i_0, \ i_1, \ \cdots, \ i_n \in S \tag{4.29}$$

证明：由乘法公式与 Markov 性得

$$P(X_0 = i_0, \ X_1 = i_1, \ \cdots, \ X_n = i_n)$$
$$= P(X_0 = i_0) P(X_1 = i_1 \mid X_0 = i_0) P(X_2 = i_2 \mid X_0 = i_0, \ X_1 = i_1) \cdots P(X_n = i_n \mid X_0 = i_0, \ \cdots, \ X_n = i_n)$$
$$= \mu_{i_0}^{(0)} p_{i_0 i_1} p_{i_1 i_2} \cdots p_{i_{n-1} i_n}$$

记 $\mu_i^{(n)} = P(X_n = i)$，它称为 Markov 链在时刻 n 的绝对概率；再记由 $\mu_i^{(n)}$ 构成的行向量为 $\mu^{(n)} = (\mu_i^{(n)}: i \in S)$，则有定理 4.2。

定理 4.2　$\mu^{(m+n)} = \mu^{(m)} P^{(n)}$，从而有 $\mu^{(n)} = \mu^{(0)} P^{(n)}$。

证明：

$$\mu_j^{(m+n)} = P(X_{m+n} = j) = \sum_i P(X_{m+n} = j \mid X_m = i) P(X_m = i)$$
$$= \sum_i \mu_i^{(m)} P_{ij}^{(n)}$$
$$= (\mu^{(m)} P^{(n)})_j$$

定理 4.1 与定理 4.2 说明了 Markov 链的统计性质完全可由其转移概率

矩阵 P 以及它的初始分布 $\mu^{(0)}$ 所决定。

4.4.2 用户访问项序的 Markov 链模型

假设 4.1 （用户访问项序的 Markov 性假设） 假设所有用户在网站的用户访问项序是一个齐次离散 Markov 链，即设离散随机变量 X 的值域为电子商务站点中所有商品项组成的集合，则一个用户在网站的用户访问项序构成一个离散随机变量 X 的取值序列，并且该序列满足 Markov 性。

定义 4.7（用户访问项序的 Markov 链模型） 电子商务站点的用户访问项序可以表示为一个齐次离散 Markov 链 MC^{UAIS}，MC^{UAIS} 是一个三元组即 $MC = \langle X, A, \lambda \rangle$，其中，

X 是一个离散随机变量，值域为 $\{x_1, x_2, \cdots, x_n\}$，每个 x_i 对应一个商品项，称为模型的一个状态；

A 为转移概率矩阵，$A = (p_{i,j})_{n \times n}$，$i, j \in \{1, \cdots, n\}$，其中每一项即 $p_{i,j} = P(X_t = x_j \mid X_{t-1} = x_i)$ 表示由状态 x_i 转移到 x_j 的转移概率；

λ 为初始状态分布，每一项为 $p_i = P(X_{t=0} = x_i)$，即

$$
A = (p_{ij}) = \begin{bmatrix} p_{11} & p_{12} & \cdots & p_{1j} & \cdots & p_{1n} \\ p_{21} & p_{22} & \cdots & p_{2j} & \cdots & p_{2n} \\ \vdots & \vdots & \vdots & \vdots & \vdots & \vdots \\ p_{i1} & p_{i2} & \cdots & p_{ij} & \cdots & p_{in} \\ \vdots & \vdots & \vdots & \vdots & \vdots & \vdots \\ p_{n1} & p_{n2} & \cdots & p_{nj} & \cdots & p_{nn} \end{bmatrix}, \quad \lambda = (p_i) = (p_1, p_2, \cdots, p_n)
$$

$$(4.30)$$

转移概率矩阵 A 满足以下两个条件：

$$p_{ij} \geq 0, \text{ for all } i, j \in \{1, \cdots, n\}$$

$$\sum_{j=1}^{n} p_{ij} = 1, \text{ for all } i \in \{1, \cdots, n\}$$

4.4.3　模型的训练方法

对于新用户与其最近邻用户的 $r+1$ 个用户访问项序而言，每个用户访问项序都是随机变量 X 的一个取值序列。将 $r+1$ 个用户访问项序形成集合，则构成一个模型训练数据集，记为 $TD = \{S(u), S(u_1), S(u_2), \cdots, S(u_r)\}$。基于数据集 TD，我们可以使用最大似然估计法来计算 MC^{UAIS} 中的所有参数，即

$$p_{ij} = \frac{C_{ij}}{\sum_{j=1}^{n} C_{ij}} \tag{4.31}$$

$$p_i = \frac{\sum_{j=1}^{n} C_{ij}}{\sum_{i=1}^{n} \sum_{j=1}^{n} C_{ij}} \tag{4.32}$$

式中，C_{ij} 表示在所有用户访问项序中状态对 (x_i, x_j) 的出现次数。

用向量 $H(t) = (0, 0, \cdots, 1)$ 表示新用户在时刻 t 的状态，如果此时新用户处于状态 x_i，则该向量的第 i 维等于 1，其余各维都为 0。

用向量 $V(t)$ 表示在时刻 t 系统的状态概率向量：

$$V(t) = [P(X_t = x_1), P(X_t = x_2), \cdots, P(X_t = x_n)] \tag{4.33}$$

$V(t)$ 中每一维表示不同状态的概率，则可以根据下式对新用户在时刻 t 的状态作出预测：

$$V(t) = H(t-1) \times A \tag{4.34}$$

在向量 $V(t)$ 中，概率值最大的那一维所对应的状态，就是新用户在时刻 t 最可能的状态。由于该状态代表了一个商品项，因此可以将该商品项推荐给新用户供其下一步访问，从而完成面向新用户的商品导航推荐。

4.5　实验结果及分析

4.5.1　实验环境、数据集及评价标准

（1）实验环境

实验所用 PC 机的配置为 Intel Pentium 4 2.66GHz CPU、1GB RAM，操作系统是 Windows XP，算法程序采用 PowerBuilder 9.0 实现，数据库为 Access 2003。

（2）实验数据集

实验基于 Gazelle 数据集中的 Web 日志数据集完成。通过对日志数据进行预处理，提取了 200 个用户对 183 种商品的 5149 条有效访问记录作为实验数据集，时间跨度为 2 个月。每个访问记录表示为一个三元组〈用户 ID，商品 ID，访问时间〉。然后，进一步将实验数据集分为训练集和测试集两个部分，划分方法是将实验数据集中每个用户最后 10 天的访问记录隐藏起来作为测试集，其余的访问记录作为训练集。训练集用于建立用户访问项序并进行相似性计算，以寻找新用户的最近邻集合；测试集则用于测量 top – N 推荐质量和商品导航推荐质量。

（3）评价标准

1）对于 top – N 推荐质量，在实验过程中根据每个用户在训练集中的访问记录为其计算 top – N 推荐集，如果 top – N 推荐集中某个商品项出现在该用户测试集中的访问记录里，则表示生成了一个正确推荐。实验采用精确率 Precision 作为 top – N 推荐质量的评价标准：

$$Precision = \frac{Hits}{N} \qquad (4.35)$$

式中，Hits 表示算法产生的正确推荐数；N 表示算法生成的推荐总数。

2）对于商品导航推荐质量，采用 All but 1 方案，将测试集中每个用户的访问项记录随机隐藏 1 个，然后基于各用户的最近邻集合的用户访问项序及 Markov 链模型来预测用户是否会访问该项。同样地，实验采用精确率 Precision 来衡量商品导航推荐质量。

4.5.2 实验结果及分析

实验 4.1 top - N 推荐质量及商品导航推荐质量比较

实验对以下两种方法进行比较：

1）基于路径聚类的 top - N 推荐与商品导航推荐方法（记为 PCM），即采用王实[199]等提出的路径聚类方法对实验数据集进行处理并得到相应的 top - N 推荐与商品导航推荐结果。

2）本章提出的基于访问项序的 top - N 推荐与商品导航方法（记为 UAIS - based CF）。

实验的一个重要参数是新用户的最近邻用户集合的大小。根据 Herlocker[55]等的研究结果，在真实环境中最近邻用户数量设为 20 ~ 50 比较合理，即 $r \in [20, 50]$。因此，实验分别在最近邻数量为 20、30、40、50 的情况下进行 top - N 推荐与商品导航推荐质量测试。

top - N 推荐质量和商品导航推荐质量的实验结果分别如图 4.1 和图 4.2 所示。

上述实验结果表明，本章提出的 UAIS - based CF 能够有效解决面向新用户的推荐服务，并在 top - N 推荐质量和商品导航推荐质量两个方面均优于 PCM。UAIS - based CF 之所以能够提高推荐质量，是因为传统的基于用户浏览路径进行 Web 用户分类的方法过于强调用户在路径上的一致

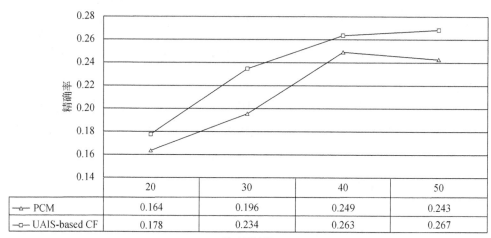

	20	30	40	50
PCM	0.164	0.196	0.249	0.243
UAIS-based CF	0.178	0.234	0.263	0.267

最近邻数量

图 4.1　top - N 推荐质量比较

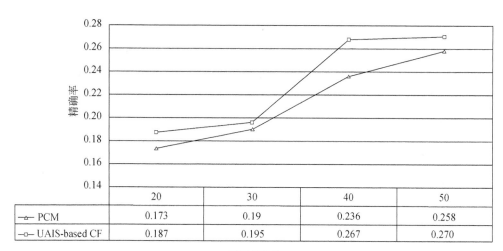

	20	30	40	50
PCM	0.173	0.19	0.236	0.258
UAIS-based CF	0.187	0.195	0.267	0.270

最近邻数量

图 4.2　商品导航推荐质量比较

性，而忽略了用户"行走"这些路径想要到达的"目的地"页面，从而导致了"过匹配"的现象，使得本来浏览"目的地"页面相同的用户之间由于经过的路径不同(这种不同正如4.1节所述，是由于用户自身对网站的熟悉程度不一致、浏览方法不同等多种因素造成的)，将会被聚类到不同的用户组，这样也就使得最终的 top - N 推荐和商品导航推荐质量不高。本章提出的用户访问项序理论避免了传统思路所存在的"过匹配"不足，同时也使得完成推荐服务的时间得到缩减，有利于提高推荐实时性和形成更好的用户体验。

4.6　本 章 小 结

本章针对协同过滤冷启动中最主要的新用户问题提出了一种消除方法。首先提出了用户访问项序理论，即通过 Web 日志来获取用户访问项序，采用 n 序访问解析逻辑将其分解为用户访问子序集；其次设计了用户访问项序的相似性计算方法来搜寻新用户的最近邻集合，并提出改进的最频繁项提取算法 IMIEA 来生成面向新用户的 top - N 推荐；然后基于最近邻用户与新用户的用户访问项序集合建立 Markov 链模型，对新用户进行导航推荐。实验结果表明，本章提出的 UAIS - based CF 消除了协同过滤冷启动中的新用户问题。

第 5 章　　面向可扩展性的增量更新机制研究

基于项目的协同过滤(item – based CF)在以 Amazon. com[11] 为代表的大型电子商务企业中得到了广泛的使用。美国明尼苏达大学的 Sarwar[32] 等通过实验认为，item – based CF 相对于基于用户的协同过滤(user – based CF)具有更高的推荐质量。但是，item – based CF 仍面临严峻的可扩展性问题。针对上述问题，本章提出了一种适应用户兴趣变化的项目相似性增量更新机制，即在当前用户提交项目评分后，推荐系统的增量更新处理程序被触发，从而实时完成相应项目与其他项目的相似性数据更新，在此基础上系统可以基于最新的项目相似性数据进行推荐处理以适应用户兴趣偏好的动态变化，以消除传统 item – based CF 在每次进行推荐计算时无法避免的扫描全体项目空间的计算耗费，从而改善了 item – based CF 的可扩展性，适合在线应用的需求。实验结果表明，本章提出的增量更新机制能够有效提高 item – based CF 算法的可扩展性。

5.1　　相关工作分析

由于项目之间的相似性较用户之间的相似性更为稳定[9]，因此 item – based CF 通常采用离线计算的方法来提高算法可扩展性，即预先离线计算好项目之间的相似性并保存在系统中以供算法调用，在进行推荐计算时就直接从建立好的项目相似性数据表中查找。但是由于用户兴趣会随时间发生变化，因此上述方法需要定期更新项目相似性数据表，否则不能基于用户的最新评分数据作出推荐。

类似的做法也见于 user – based CF 的应用中，如 GroupLens 系统[37] 采用评分数据库(ratings database) 存储用户对文章的所有评分，采用相似性数据库(correlation database) 存储每个用户对的相似性，并且每隔 24 小时更新一次用户对的相似性。

为适应用户兴趣变化，清华大学的邢春晓等[176] 提出了基于时间的数据权重和基于资源相似度的数据权重，以使 item – based CF 能够及时反映用户的兴趣变化。其中，前者反映用户近期访问资源的重要性以捕捉用户当前兴趣，后者则通过计算用户已访问资源与用户当前兴趣的相似度以捕捉有价值的早期访问数据。但这两种数据权重不能实现项目相似性的实时更新，因此难以充分使用用户的最新评分进行推荐。

希腊学者 Papagelis 等[42, 205] 提出了针对 user – based CF 的用户相似性增量更新方法，但在计算用户相似性时错误采用了基于整个项目空间的用户平均评分，而根据协同过滤经典文献[36] 的解释，正确的用户平均评分应基于两个用户之间的共同评分项集生成。

因此，本章提出了一种适应用户兴趣变化的项目相似性增量更新机制，通过计算提交评分后相应项目相似性数据的增量值，以较小计算量实现系统对项目相似性的实时更新，从而消除了传统 item – based CF 在每次进行推荐计算时无法避免的扫描全体项目空间的计算耗费；同时，增量更新机制可以使得最新的项目相似性数据进入推荐处理，从而使推荐服务能够适应用户兴趣偏好的动态变化，从而弥补了传统的离线计算项目相似性方法难以反映用户兴趣漂移的不足。

5.2　项目相似性增量更新机制

目前，用于 item – based CF 的项目相似性计算方法主要有以下三种[32, 185]：余弦相似性(cosine – based similarity)、相关相似性(correlation – based similarity)、修正的余弦相似性(adjusted cosine similarity)，详见

2.2节。Sarwar 等[32] 已通过实验指出，在上述三种项目相似性计算方法中，基于修正的余弦相似性的 item – based CF 推荐质量最高。因此，本章针对修正的余弦相似性进行增量更新机制设计。

5.2.1　增量更新机制的基本思想

当一个在线用户 u_a 针对某个商品项 i 提交新评分 $R'_{u_a, i}$ 时，对于系统进行推荐处理而言，项目 i 与项目空间中其他项目之间的相似性数据则有可能需要更新。传统的做法是基于整个用户 – 项目评分矩阵 $R(m, n)$ 重新计算项目相似性，但这种方法会导致系统开销较大，阻碍了推荐算法可扩展性的提高，因此有必要探求更好的项目相似性更新方法。

首先将修正的余弦相似性计算公式改写为

$$\text{sim}(i, j) = \frac{\sum\limits_{h=1}^{|U|} (R_{u_k, i} - \overline{R}_{u_h}) \cdot (R_{u_k, j} - \overline{R}_{u_h})}{\sqrt{\sum\limits_{h=1}^{|U|} (R_{u_k, i} - \overline{R}_{u_h})^2} \cdot \sqrt{\sum\limits_{h=1}^{|U|} (R_{u_k, j} - \overline{R}_{u_h})^2}} \quad (5.1)$$

式中，$R_{u_k, i}$、$R_{u_k, j}$ 分别表示用户 u_h 对项目 i、j 的评分；$\overline{R}_{u_h}$ 表示用户 u_h 在全部项目空间上的平均评分；$|U|$ 表示对项目 i、j 均有评分的用户总数。

对于式(5.1)，令

$$A = \text{sim}(i, j)$$

$$B = \sum_{h=1}^{|U|} (R_{u_k, i} - \overline{R}_{u_h}) \cdot (R_{u_k, j} - \overline{R}_{u_h})$$

$$C = \sum_{h=1}^{|U|} (R_{u_k, i} - \overline{R}_{u_h})^2$$

$$D = \sum_{h=1}^{|U|} (R_{u_k, j} - \overline{R}_{u_h})^2$$

从而式(5.1) 可表达为

$$A = \frac{B}{\sqrt{C} \cdot \sqrt{D}} \qquad (5.2)$$

由式(5.2)可知，修正的余弦相似性计算实际上可分为 3 个独立因子 B、C、D。由于更新后的项目相似性数据可看作是原有项目相似性数据与某增量值之和，因此可以分别计算 u_a 提交新评分后这 3 个因子的增量值，并在此基础上以很小的系统计算量求得新的项目相似性数据。

设用户提交新评分后，独立因子 B、C、D 分别变为 B'、C'、D'，则有

$$B' = \sum_{h=1}^{|U'|} (R_{u_k, i} - \overline{R_{u_k}}') \cdot (R_{u_k, j} - \overline{R_{u_k}}') = B + e$$

$$C' = \sum_{h=1}^{|U'|} (R_{u_k, i} - \overline{R_{u_k}}')^2 = C + f$$

$$D' = \sum_{h=1}^{|U'|} (R_{u_k, j} - \overline{R_{u_k}}')^2 = D + g$$

式中，$|U'|$ 表示对项目 i、j 均有评分的新的用户总数；$\overline{R_{u_k}}'$ 表示用户 u_h 新的平均评分；e、f、g 分别为 B、C、D 的增量值，从而新的项目相似性 A' 可表达为

$$A' = \frac{B'}{\sqrt{C'} \cdot \sqrt{D'}} = \frac{B + e}{\sqrt{C + f} \cdot \sqrt{D + g}} \qquad (5.3)$$

由式(5.3)可知，只需求出 e、f、g 三个增量值，便能根据式(5.3)迅速计算出新的项目相似性数据。

5.2.2　独立因子的增量值计算方法

当在线用户 u_a 提交针对项目 i 的新评分时，根据 u_a 对 i 的原有评分 R_{u_a} 是否为空，增量值 e、f、g 的计算方法也将不一样。下面分别探讨这两种情况下的增量值计算方法。

5.2.2.1 $R_{u_a,i} = \Phi$ 时的增量值计算

当 $R_{u_a,i} = \Phi$ 时，则在线用户 u_a 针对项目 i 提交新评分 $R'_{u_a,i}$ 后，为更新项目 i 与其他项目（假设为项目 j，以下均同）之间的相似性数据，需要进一步区分以下两种状态。

（1）$R_{u_a,j} \neq \Phi$（即用户 u_a 对项目 j 已作过评分）

这种状态下，$R'_{u_a,i}$ 会使新的项目相似性计算发生以下改变：

1）项目 i、j 的共同评分用户集合 U 发生改变，即新用户集合 $U' = U \cup u_a$；

2）用户 u_a 的平均评分 $\overline{R}_{u_a}$ 发生改变，即 u_a 新的平均评分 $\overline{R}'_{u_a}$ 为

$$\overline{R}'_{u_a} = \frac{R'_{u_a,i} + \overline{R}_{u_a} \cdot |R_{u_a}|}{|R_{u_a}| + 1} \tag{5.4}$$

式中，$|R_{u_a}|$ 表示用户 u_a 在提交 $R'_{u_a,i}$ 前的评分数量。因此，当 $R_{u_a,i} = \Phi \wedge R_{u_a,j} \neq \Phi$ 时，B、C、D 均需重新计算。下面对 B'、C'、D' 的计算分别推导如下：

$$
\begin{aligned}
B' &= \sum_{h=1}^{|U'|} (R_{u_k,i} - \overline{R}_{u_k}) \cdot (R_{u_k,j} - \overline{R}_{u_k}) \\
&= (R'_{u_a,i} - \overline{R}_{u_a}') \cdot (R_{u_a,j} - \overline{R}_{u_a}') + \sum_{h=1}^{|U|} (R_{u_k,i} - \overline{R}_{u_k}) \cdot (R_{u_k,j} - \overline{R}_{u_k}) \\
&= \left(R'_{u_a,i} - \frac{R'_{u_a,i} + \overline{R}_{u_a} \cdot |R_{u_a}|}{|R_{u_a}| + 1} \right) \cdot \left(R_{u_a,j} - \frac{R'_{u_a,i} + \overline{R}_{u_a} \cdot |R_{u_a}|}{|R_{u_a}| + 1} \right) \\
&\quad + \sum_{h=1}^{|U|} (R_{u_k,i} - \overline{R}_{u_k}) \cdot (R_{u_k,j} - \overline{R}_{u_k}) \\
&= \frac{(R'_{u_a,i} - \overline{R}_{u_a}) \cdot |R_{u_a}|}{|R_{u_a}| + 1} \cdot \left(R_{u_a,j} - \frac{R'_{u_a,i} + \overline{R}_{u_a} \cdot |R_{u_a}|}{|R_{u_a}| + 1} \right) + B
\end{aligned}
$$

$$C' = \sum_{h=1}^{|U'|} (R_{u_h, i} - \overline{R}_{u_h})^2$$

$$= (R'_{u_a, i} - \overline{R}_{u_a}')^2 + \sum_{h=1}^{|U|} (R_{u_h, i} - \overline{R}_{u_h})^2$$

$$= \left(R'_{u_a, i} - \frac{R'_{u_a, i} + \overline{R}_{u_a} \cdot |R_{u_a}|}{|R_{u_a}| + 1} \right)^2 + \sum_{h=1}^{|U|} (R_{u_h, i} - \overline{R}_{u_h})^2$$

$$= \left[\frac{(R'_{u_a, i} - \overline{R}_{u_a}) \cdot |R_{u_a}|}{|R_{u_a}| + 1} \right]^2 + C$$

$$D' = \sum_{h=1}^{|U'|} (R_{u_h, j} - \overline{R}_{u_h})^2$$

$$= (R_{u_a, j}' - \overline{R}_{u_a}')^2 + \sum_{h=1}^{|U|} (R_{u_h, j} - \overline{R}_{u_h})^2$$

$$= \left(R_{u_a, j}' - \frac{R'_{u_a, i} + \overline{R}_{u_a} \cdot |R_{u_a}|}{|R_{u_a}| + 1} \right)^2 + \sum_{h=1}^{|U|} (R_{u_h, j} - \overline{R}_{u_h})^2$$

$$= \left(R_{u_a, j}' - \frac{R'_{u_a, i} + \overline{R}_{u_a} \cdot |R_{u_a}|}{|R_{u_a}| + 1} \right)^2 + D$$

从而由上述 B'、C'、D' 的推导式可得相应的增量值 e、f、g 为

$$e = B' - B = \frac{(R'_{u_a, i} - \overline{R}_{u_a}) \cdot |R_{u_a}|}{|R_{u_a}| + 1} \cdot \left(R_{u_a, j} - \frac{R'_{u_a, i} + \overline{R}_{u_a} \cdot |R_{u_a}|}{|R_{u_a}| + 1} \right)$$

$$(5.5)$$

$$f = C' - C = \left[\frac{(R'_{u_a, i} - \overline{R}_{u_a}) \cdot |R_{u_a}|}{|R_{u_a}| + 1} \right]^2 \quad (5.6)$$

$$g = D' - D = \left(R_{u_a, j}' - \frac{R'_{u_a, i} + \overline{R}_{u_a} \cdot |R_{u_a}|}{|R_{u_a}| + 1} \right)^2 \quad (5.7)$$

（2）$R_{u_a, j} = \Phi$（即用户 u_a 对项目 j 未作过评分）

这种状态下，在 u_a 提交对 i 的新评分 $R'_{u_a, i}$ 前后，u_a 均不作为项目 i、j 的共同评分用户参与项目相似性计算。因此，当 $R_{u_a, i} = \Phi \wedge R_{u_a, j} = \Phi$ 时，

项目相似性计算因子 B、C、D 不需重新计算，即相应的增量值 $e = 0$、$f = 0$、$g = 0$。

5.2.2.2 $R_{u_a, i} \neq \Phi$ 时的增量值计算

当 $R_{u_a, i} \neq \Phi$ 时，则在线用户 u_a 针对项目 i 提交新评分 $R'_{u_a, i}$ 后（即修改了原有非空评分 R_{u_a}），为更新项目 i 与其他项目（假设为项目 j，以下均同）之间的相似性数据，需要进一步区分以下两种状态。

（1）$R_{u_a, j} \neq \Phi$（即用户 u_a 对项目 j 已作过评分）

这种状态下，u_a 在提交 $R'_{u_a, i}$ 之前已作为项目 i、j 的共同评分用户参与了项目相似性计算，故 i、j 的共同评分用户集合 U 并不改变，只是新评分 $R'_{u_a, i}$ 使得 u_a 的原有平均评分 $\overline{R}_{u_a}$ 发生改变，即 u_a 新的平均评分 $\overline{R}'_{u_a, i}$ 为

$$\overline{R}'_{u_a} = \frac{R'_{u_a, i} - R_{u_a, i}}{|R_{u_a}|} + \overline{R}_{u_a} = \frac{dR_{u_a, i}}{|R_{u_a}|} + \overline{R}_{u_a} \tag{5.8}$$

式中，$dR_{u_a, i}$ 表示 $(R'_{u_a, i} - R_{u_a, i})$。因此，当 $R_{u_a, i} \neq \phi \wedge R_{u_a, j} \neq \phi$ 时，B、C、D 均需重新计算。下面对 B'、C'、D' 的计算分别推导如下：

$$B' = \left[(R'_{u_a, i} - \overline{R}'_{u_a}) \cdot (R_{u_a, j} - \overline{R}'_{u_a}) - (R_{u_a, i} - \overline{R}_{u_a}) \cdot (R_{u_a, j} - \overline{R}_{u_a}) \right]$$
$$+ \sum_{h=1}^{|U|} (R_{u_h, i} - \overline{R}_{u_h}) \cdot (R_{u_h, j} - \overline{R}_{u_h})$$
$$= \left[R'_{u_a, i} - \left(\frac{dR_{u_a, i}}{|R_{u_a}|} + \overline{R}_{u_a} \right) \right] \cdot \left[R_{u_a, j} - \left(\frac{dR_{u_a, i}}{|R_{u_a}|} + \overline{R}_{u_a} \right) \right] - (R_{u_a, i} - \overline{R}_{u_a})$$
$$\cdot (R_{u_a, j} - \overline{R}_{u_a}) + B$$
$$= R'_{u_a, i} \cdot R_{u_a, j} - \left(R'_{u_a, i} + R_{u_a, j} - \frac{dR_{u_a, i}}{|R_{u_a}|} - \overline{R}_{u_a} \right) \cdot \left(\frac{dR_{u_a, i}}{|R_{u_a}|} + \overline{R}_{u_a} \right) - (R_{u_a, i} - \overline{R}_{u_a})$$
$$\cdot (R_{u_a, j} - \overline{R}_{u_a}) + B$$
$$C' = (R'_{u_a, i} - \overline{R}'_{u_a})^2 - (R_{u_a, i} - \overline{R}_{u_a})^2 + \sum_{h=1}^{|U|} (R_{u_h, i} - \overline{R}_{u_h})^2$$

$$= \left[R'_{u_a,\,i} - \left(\frac{dR_{u_a,\,i}}{|R_{u_a}|} + \overline{R}_{u_a} \right) \right]^2 - (R_{u_a,\,i} - \overline{R}_{u_a})^2 + \sum_{h=1}^{|U|} (R_{u_h,\,i} - \overline{R}_{u_h})^2$$

$$= \left[R'_{u_a,\,i} - \left(\frac{dR_{u_a,\,i}}{|R_{u_a}|} + \overline{R}_{u_a} \right) \right]^2 - (R_{u_a,\,i} - \overline{R}_{u_a})^2 + C$$

$$D' = (R_{u_a,\,j} - \overline{R}'_{u_a})^2 - (R_{u_a,\,j} - \overline{R}_{u_a})^2 + \sum_{h=1}^{|U|} (R_{u_h,\,j} - \overline{R}_{u_h})^2$$

$$= \left[R_{u_a,\,j} - \left(\frac{dR_{u_a,\,i}}{|R_{u_a}|} + \overline{R}_{u_a} \right) \right]^2 - (R_{u_a,\,j} - \overline{R}_{u_a})^2 + \sum_{h=1}^{|U|} (R_{u_h,\,j} - \overline{R}_{u_h})^2$$

$$= \left[R_{u_a,\,j} - \left(\frac{dR_{u_a,\,i}}{|R_{u_a}|} + \overline{R}_{u_a} \right) \right]^2 - (R_{u_a,\,j} - \overline{R}_{u_a})^2 + D$$

从而由上述 B'、C'、D' 的推导式可得相应的增量值 e、f、g 为

$$e = B' - B$$
$$= R'_{u_a,\,i} \cdot R_{u_a,\,j} - (R_{u_a,\,i} - \overline{R}_{u_a}) \cdot (R_{u_a,\,j} - \overline{R}_{u_a})$$
$$- \left(R'_{u_a,\,i} + R_{u_a,\,j} - \frac{dR_{u_a,\,i}}{|R_{u_a}|} - \overline{R}_{u_a} \right) \cdot \left(\frac{dR_{u_a,\,i}}{|R_{u_a}|} + \overline{R}_{u_a} \right)$$

$$(5.9)$$

$$f = C' - C = \left[R'_{u_a,\,i} - \left(\frac{dR_{u_a,\,i}}{|R_{u_a}|} + \overline{R}_{u_a} \right) \right]^2 - (R_{u_a,\,i} - \overline{R}_{u_a})^2 \quad (5.10)$$

$$g = D' - D = \left[R_{u_a,\,j} - \left(\frac{dR_{u_a,\,i}}{|R_{u_a}|} + \overline{R}_{u_a} \right) \right]^2 - (R_{u_a,\,j} - \overline{R}_{u_a})^2 \quad (5.11)$$

（2）$R_{u_a,\,j} = \Phi$（即用户 u_a 对项目 j 未作过评分）

这种状态下，在 u_a 提交对 i 的新评分 $R'_{u_a,\,i}$ 前后，u_a 均不作为项目 i、j 的共同评分用户参与其项目相似性计算。因此，当 $R_{u_a,\,i} = \phi \wedge R_{u_a,\,j} = \phi$ 时，B、C、D 不需重新计算，即相应的增量值 $e = 0$、$f = 0$、$g = 0$。

综上所述，在用户 u_a 的不同评分状态下，项目相似性更新所需增量值 e、f、g 的计算方法如表5.1所示。

表5.1　用户 u_a 提交新评分后的增量值计算方法

增量值	计算方法	
	$R_{u_a, i} = \Phi \land R_{u_a, j} \neq \Phi$ 时	$R_{u_a, i} \neq \phi \land R_{u_a, j} \neq \phi$ 时
e	$\dfrac{(R'_{u_a, i} - \bar{R}_{u_a}) \cdot \lvert R_{u_a}\rvert}{\lvert R_{u_a}\rvert + 1} \cdot \left(R_{u_a, j} - \dfrac{R'_{u_a, i} + \bar{R}_{u_a} \cdot \lvert R_{u_a}\rvert}{\lvert R_{u_a}\rvert + 1}\right)$	$R'_{u_a, i} \cdot R_{u_a, j} - (R_{u_a, i} - \bar{R}_{u_a}) \cdot (R_{u_a, j} - \bar{R}_{u_a}) - \left(R'_{u_a, i} + R_{u_a, j} - \dfrac{dR_{u_a, i}}{\lvert R_{u_a}\rvert} - \bar{R}_{u_a}\right) \cdot \left(\dfrac{dR_{u_a, i}}{\lvert R_{u_a}\rvert} + \bar{R}_{u_a}\right)$
f	$\left[\dfrac{(R'_{u_a, i} - \bar{R}_{u_a}) \cdot \lvert R_{u_a}\rvert}{\lvert R_{u_a}\rvert + 1}\right]^2$	$\left[R'_{u_a, i} - \left(\dfrac{dR_{u_a, i}}{\lvert R_{u_a}\rvert} + \bar{R}_{u_a}\right)\right]^2 - (R_{u_a, i} - \bar{R}_{u_a})^2$
g	$\left(R_{u_a, j}' - \dfrac{R'_{u_a, i} + \bar{R}_{u_a} \cdot \lvert R_{u_a}\rvert}{\lvert R_{u_a}\rvert + 1}\right)^2$	$\left[R_{u_a, j} - \left(\dfrac{dR_{u_a, i}}{\lvert R_{u_a}\rvert} + \bar{R}_{u_a}\right)\right]^2 - (R_{u_a, j} - \bar{R}_{u_a})^2$

5.2.3　计算复杂度分析

下面给出基于项目相似性增量更新机制的 item – based CF（简写为 IUIB – CF）与传统 item – based CF[32]（简写为 IB – CF）的计算复杂度分析与比较。本书将计算复杂度分为项目相似性更新、最近邻项集搜寻两个步骤进行分析。

5.2.3.1　IB – CF 的计算复杂度

对于 IB – CF，由于采用的是定期更新项目相似性数据的方式，因此在系统需要向当前用户提供一次推荐之前，已有若干用户作出了新评分且未反映到项目相似性计算中，故 IB – CF 需要先重新计算项目空间中各个项目对的相似性。对于用户 – 项目评分矩阵 $R(m, n)$ 而言，在最坏情况下重新计算项目相似性的计算复杂度为 $O(mn^2)$，即

```
For each item I_i, 1 ≤ i ≤ n
  For each item I_j, 1 ≤ i ≤ n and j ≠ i
    For the set of m users that have co-rated {I_i, I_j}
      Compute sim(I_i, I_j)
    Next
  Next
Next
```

完成项目相似性更新之后，IB – CF 还需要给出推荐项集，即首先扫描目标项目与其他 $n – 1$ 个项目之间的相似性数据，找出目标项目的最近邻项集推荐给用户。这个过程的计算复杂度为 $O(n)$。

5.2.3.2 IUIB – CF 的计算复杂度

对于 IUIB – CF，由于采用的是增量更新项目相似性数据的方式，因此在系统需要向当前用户提供一次推荐之前，其他用户作出的新评分已被实时反映到项目相似性计算中并完成相似性数据的更新，故 IUIB – CF 不需对整个项目空间项目相似性进行重新计算，而只需要完成对当前项目与其他 $n – 1$ 个项目之间相似性的更新。对于用户 – 项目评分矩阵 $R(m, n)$，在最坏情况下这个过程的计算复杂度为 $O(mn)$，即

```
For active item I_i,
  For each item I_j, 1 ≤ i ≤ n and j ≠ i
    For the set of m users that have co-rated {I_i, I_j}
    Compute sim(I_i, I_j)
    Next
  Next
```

IUIB – CF 给出推荐项集的计算复杂度与 IB – CF 相同，也为 $O(n)$。

综上所述，IUIB – CF 与 IB – CF 的计算复杂度比较如表 5.2 所示。

表5.2 IUIB – CF 与 IB – CF 的计算复杂度比较

算法名称	计算复杂度
IB – CF	$O(mn^2) + O(n)$
IUIB – CF	$O(mn) + O(n)$

从表 5.2 可以看到，基于项目相似性增量更新机制的 item – based CF 相对于传统 item – based CF 具有更小的计算复杂度，这表明采用项目相似性增量更新机制将有效改善推荐算法的可扩展性。

5.2.4　增量更新流程分析

当用户 u_a 登录网站后，系统便与 u_a 开始了一个 session(会话)。在该 session 结束之前，u_a 有可能会对某些项目作出评分。因此，系统需要预先创建三张数据库表。

1)t_ simfactor：存储所有项目对之间的相似性计算因子 B、C、D；

2) t_ uc：存储所有用户各自的平均评分及已评项目总数；

3)t_ itemsim：存储项目对之间的相似性数据。

在用户 u_a 提交对项目 i 的新评分时，该提交行为将触发推荐系统的增量更新程序(incremental updating program，IUP)。对于项目 i 与项目空间中各项目形成的项目对，IUP 将根据表 5.1 的增量值计算方法自动实时计算各个项目对的相似性增量值 e、f、g，从而求得项目对之间新的相似性数据并写入 t_ itemsim 中，最后对相应的相似性计算因子(B、C、D)、u_a 的平均评分 $\overline{R_{u_k}}$ 及 u_a 的已评项目总数 $|R_{u_a}|$ 进行更新。这样，当系统向用户 u_a 提供推荐服务时，推荐算法就能够基于最新的项目相似性数据搜寻目标项目的最近邻项集，从而作出最符合用户当前兴趣的推荐结果。整个增量

更新流程如图 5.1 所示。

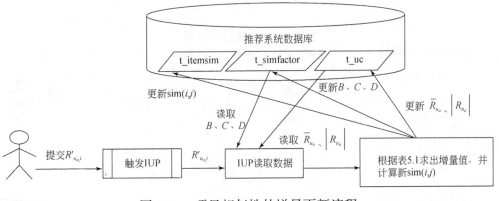

图 5.1 项目相似性的增量更新流程

5.3 实验结果及分析

5.3.1 实验环境、数据集及评价标准

（1）实验环境

实验所用 PC 机的配置为 Intel Pentium 4 2.66GHz CPU、1GB RAM，操作系统是 Windows XP，算法程序采用 PowerBuilder 9.0 实现，数据库为 Access 2003。

（2）实验数据集

MovieLens 是一个基于 Web 的研究型推荐系统，通过用户对电影的评分（5 分制）进行电影推荐，由美国明尼苏达大学开发并公布了两个用户评分数据集，其中一个包含了 943 位用户对 1682 部电影的 100 000 条评分数据。从该数据集分别随机抽取 150 位用户、300 位用户、600 位用户的评分数据组成实验数据集，记为 U150、U300、U600，具体情况如表 5.3 和图 5.2 所示。

表 5.3　实验数据统计

统计指标	数据集		
	U150	U300	U600
用户总数	150	300	600
电影总数	13 59	1 486	1 625
评分总数	14 168	29 826	64 635
用户最大评分项数	435	685	737
用户最小评分项数	20	20	20
用户平均评分项数	94.5	99.4	107.7
稀疏等级 s	0.930 5	0.933 1	0.933 7

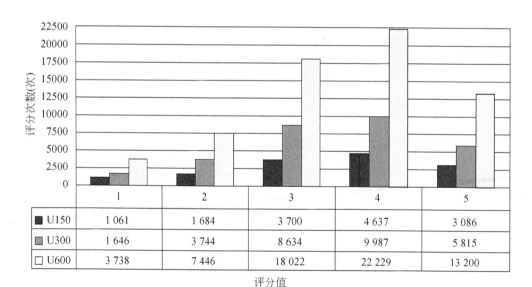

	1	2	3	4	5
■ U150	1 061	1 684	3 700	4 637	3 086
▨ U300	1 646	3 744	8 634	9 987	5 815
□ U600	3 738	7 446	18 022	22 229	13 200

评分值

图 5.2　评分值分布统计

（3）评价标准

文献[205]采用"response time"（响应时间）作为协同过滤算法可扩展性的评价标准。但由于各个用户的评分数量并不相同，因此本书进一步使用"平均 response time"作为实验评价标准。平均 response time 指算法给出推荐项集所耗费的平均时间，从而可以衡量算法在推荐实时性上能否满足实际应用。

5.3.2　实验结果及分析

实验 5.1　算法推荐响应时间比较

实验采用以下两种算法进行比较：

1）传统 item – based CF[32]（记为 IB – CF）；

2）基于本书所提项目相似性增量更新机制的 item – based CF（记为 IUIB – CF）。

在实验之前，首先创建 t_ itemsim、t_ simfactor、t_ uc 三张数据库表并完成数据填充。下面以实验数据集 U150 为例说明本书的实验方案：

从 U150 中随机抽取 14 位用户，分别记为 U150u1，U150u2，…，U150u14，将每位用户的评分数据随机隐藏 5 个。

Step1：对 U150u1，从其被隐藏的 5 个评分数据中随机选择一个加入 U150，即模拟用户提交了一个新评分，然后分别调用 IB – CF、IUIB – CF 对 U150u1 给出推荐项集，记录两种算法各自耗费时间，即 response time；

Step2：对 U150u1 被隐藏的其他 4 个评分数据依次如上所述加入 U150，调用 IB – CF、IUIB – CF 给出推荐项集，并记录算法的 response time；

Step3：计算 IB – CF、IUIB – CF 对 U150u1 进行上述推荐（共 5 次推荐）的平均 response time；

Step4：对 U150u2，…，U150u14，反复进行上述步骤 Step1 ~ Step3，得到 IB – CF、IUIB – CF 对于各个用户的平均 response time；

Step5：将 IB – CF、IUIB – CF 对于 U150u2，…，U150u14 的平均 response time 分别进行求和平均，从而得到 IB – CF、IUIB – CF 在 U150 数据集上的平均 response time。

对数据集 U300、U600 作上述类似的处理以得到 IB – CF、IUIB – CF 在 U300、U600 上的平均 response time。与 U150 不同的是，实验对 U300 是随机抽取 28 位用户，对 U600 则是随机抽取 56 位用户。实验结果如表 5.4 所示。图 5.3 是平均 response time 随测试用户数及数据集增大的变化曲线图。

表 5.4   不同数据集和用户数时的平均 response time

数据集	测试用户数	平均 response time/ 秒	
		IB – CF	IUIB – CF
U150	14	0.375	0.063
U300	28	0.922	0.148
U600	56	2.419	0.367

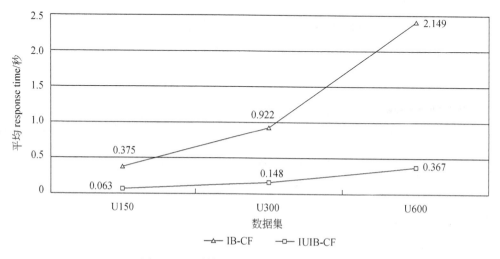

图 5.3   平均 response time 变化曲线

根据表 5.4 的数据可以计算得到这样的结果，即在数据集 U150、U300、U600 上，IUIB – CF 耗费时间分别仅为 IB – CF 的 16.8%、16.1%、15.2%，明显低于 IB – CF 所需推荐时间。图 5.3 进一步显示，IUIB – CF 随数据集规模的增大，作出推荐所耗费的时间增长非常小，其平均 response time 变化曲线几乎成水平直线；而 IB – CF 所耗费的时间则是急剧增加，在图 5.3 中表现为 IB – CF 的曲线随数据集和用户数量增加其斜率急剧变大。上述实验结果表明本书提出的项目相似性增量更新机制能够有效改善 IB – CF 的可扩展性。由于 IB – CF 是目前在电子商务企业中得到广泛应用的协同过滤算法，因此本书提出的方法具有良好的应用前景。

5.4　本章小结

随着电子商务站点用户和商品项数量的不断增长，如何改善算法可扩展性已成为协同过滤的瓶颈问题之一。传统的离线计算项目相似性方法不能充分利用最新评分数据以体现用户兴趣偏好的动态变化。对此，本章提出了一种面向可扩展性的项目相似性增量更新机制，能够以较小的系统计算量在用户提交新评分后实时更新相应项目与其他项目之间的相似性数据，同时也使得在推荐运算中能够使用到最新的用户评分数据，从而弥补了原有方法无法体现用户兴趣偏好变化的不足。

第6章　电子商务协同过滤系统 ECRec 的设计与实现

在前面各章所作研究工作的基础上，本章设计和实现了一个电子商务协同过滤原型系统 ECRec(E – commerce recommender system)。ECRec 的最大特点是独立于电子商务业务系统：

1) 数据库的独立。ECRec 所进行的推荐服务不影响电子商务站点各个业务系统(如订单处理系统)的运行，只是与业务系统中的交易数据库进行连接以获取用户购买数据，与服务器的用户访问日志连接以读取用户访问信息，而所有的推荐计算都是基于独立的推荐系统数据库完成，从而最大限度地实现了推荐系统与业务系统在数据库层面上的低耦合。

2) 物理位置的独立。ECRec 并不直接安装在网站的 Web 服务器上(这样会由于大量推荐计算的处理而影响网站正常运行和用户访问速度)，而是部署在单独的推荐服务器上，通过 TCP/IP 协议与网站的 Web 服务器及业务系统服务器进行数据通信，从而形成一个典型的 C/S(Client/Server，客户机/服务器)架构。

通过数据库和物理位置上的独立，能够避免一旦 ECRec 出现运行错误而导致整个网站的瘫痪，并且使得 ECRec 具有良好的可移植性和可维护性。此外，ECRec 还留有推荐算法的接口，并不局限于使用本书提出的协同过滤算法，管理员可以根据需要向 ECRec 中增加更多的协同过滤算法，这使得 ECRec 具有了开放式架构(open architecture)的特征。

6.1 ECRec 的设计

6.1.1 系统架构设计

目前，电子商务协同过滤系统的基本架构类型分为两种：一种是集成式架构，如图 6.1(a) 所示；另一种是 C/S 架构，如图 6.1(b) 所示。

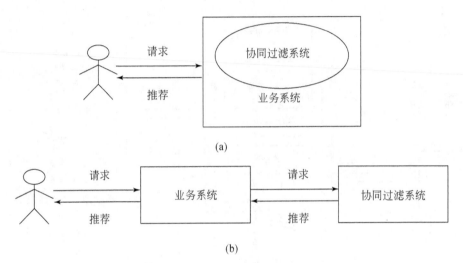

图 6.1 协同过滤系统的基本架构

从图 6.1(a) 中可以看到，集成式架构将协同过滤系统集成到电子商务网站的业务系统中，因此协同过滤系统在运行平台等方面完全依赖于业务系统，难以移植和进行系统维护。而图 6.1(b) 所示的 C/S 架构则将协同过滤系统从业务系统中分离出来，形成相对独立的低耦合关系，即业务系统(被看作客户端) 向协同过滤系统(被看作服务器端) 发出推荐服务请求，由协同过滤系统完成推荐计算后将推荐结果返回给业务系统，再由业务系统返回到用户界面上。在整个推荐过程中，协同过滤系统与业务系统之间通过预先设定的应用程序接口(可以是 HTML、XML、数据库连接程序等)来完成数据传送。因此,基于 C/S 架构的协同过滤系统不需要与业务系统使用相同的运行平台和数据库管理系统,具有较好的可移植性,也易于对协同过滤系统进行程序更新、升级等维护工作。

基于上述分析,本书采用 C/S 架构来设计并实现 ECRec。ECRec 的系统架构如图 6.2 所示。

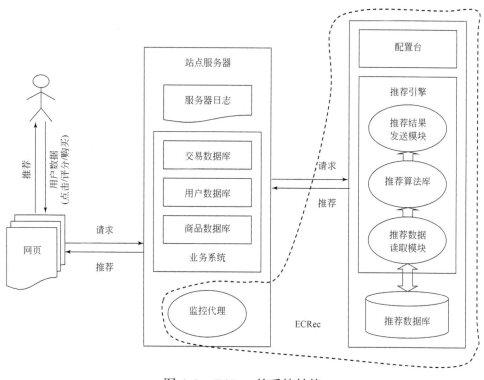

图 6.2　ECRec 的系统结构

6.1.2　功能模块设计

从图 6.2 可以看到,ECRec 包括推荐数据库(RecDB)、推荐引擎(RecEngine)、配置台(configuration console)、监控代理(monitor agnet)四大功能模块。下面对这四个功能模块逐一进行介绍。

6. 1. 2. 1 推荐数据库

推荐数据库(RecDB)的功能是存储和管理 ECRec 进行协同过滤推荐服务过程中要使用到的各种数据源,并向外提供管理接口。在设计 RecDB 时,考虑了以下几个因素。

(1) 数据库接口的可配置性

为了使 ECRec 的可移植性更好,本书设计了一个数据库接口配置文件 DBInf. config,用于存储推荐引擎连接五种主流数据库管理系统(包括 Oracle、MS SQL Server、Sybase、Access、MySQL)的不同 SQL 代码和连接参数,这些 SQL 代码和连接参数可实现对网站各个业务系统数据库及 Web 日志文件的读取。

ECRec 的管理员可以通过配置台设置连接对象,从而使得 ECRec 可以在这些数据库管理系统之间顺利切换,即当推荐所使用的数据源从一个数据库管理系统迁移到另一个数据库管理系统时,无需修改 ECRec 的内部代码,这样就最大程度地提高了 ECRec 面向数据源级的可移植性。

(2) 评分数据表的评分制

RecDB 中最主要的数据库表是评分数据表。相关研究[53, 206]指出,调查数据采用 7 分制在可靠性上已足够了,因此本书采用了与著名协同过滤系统 Ringo[53]、Fab[57]相同的 7 分评分制,在设计 RecDB 时将"Rating"字段设置为整数型,取值范围是 1 ~ 7。评分数据表的表结构如表 6.1 所示(UID 与 ItemID 均来自业务系统的用户信息表和项目信息表)。

表 6.1 评分数据表(t_ rating) 结构

字段名称	数据类型	是否主键	是否外键	是否允许为空	备注
UID	number(50)	Y	Y	N	用户 ID

字段名称	数据类型	是否主键	是否外键	是否允许为空	备注
ItemID	number(50)	Y	Y	N	项目 ID
Rating	integer(1)	N	N	N	评分值，值域 1～7
Datetime	datetime	N	N	N	评分日期和时间

注：Y 表示是；N 表示否

（3）购买记录的转化

现实生活中存在这样的情况，即许多用户购买了某商品项但未对其作出评分。根据 Nichols[39] 的观点，用户的购买行为属于隐式评分，因此本章作出这样的转化设定：

1）将用户对某商品项的购买记录看作是该用户对这个商品项的最高评分；

2）若该用户未对该商品项作过评分，则将最高评分值"7"写入对应的评分数据表记录；

3）若该用户之后又提交了对该商品项的评分，则用最新评分替换系统之前自动写入的评分"7"。

6.1.2.2　推荐引擎

推荐引擎（RecEngine）包括三个组成部分：推荐算法库（Algorithm module）、推荐数据读取模块（GetData module）、推荐结果发送模块（SendRec module）。

1）在 Algorithm module 中实现了协同过滤的 2 个基本算法（user-based CF、item-based CF）及第 3～5 章提出的 4 个改进算法（DNN-based CF、RS-based CF、UAIS-based CF、IUIB-based CF），如表 6.2 所示。由于各个协同过滤算法的运行参数数量不一致，为方便地进行运行

参数配置，对各个算法程序设计了相应的参数配置接口，可以由管理员在配置台上进行设置和修改。

表 6.2　推荐算法库算法列表

算法名称	描述
user – based CF	基于用户的协同过滤
item – based CF	基于项目的协同过滤
DNN – based CF	基于领域最近邻的 KNN 法
RS – based CF	基于 Rough 集理论的 KNN 法
UAIS – based CF	基于用户访问项序的协同过滤
IUIB – based CF	基于项目相似性增量更新的协同过滤

2）GetData module 用于从 RecDB 中读取用户对商品项的评分数据。

3）SendRec module 用于将得到的推荐结果通过 HTML 或 XML 形式返回到网站的 Web 服务器，再由服务器推送到目标用户所在的客户端。

6.1.2.3　配置台

配置台（Configuration Console）的主要功能是提供对 RecDB、RecEngine 中各个接口、参数的设置和维护，向管理员提供一个统一、集中的管理平台，方便管理员对整个系统的维护和配置，提高系统的可移植性和可维护性，使得 ECRec 具有开放式架构的特性。各个电子商务网站可以根据自身需要修改 ECRec 的运行配置参数以及向 ECRec 中增加新的推荐算法。

在配置台上，管理员的主要管理行为包括如下：

1）RecEngine 的运行管理，即进行 RecEngine 的启动、暂停、停止等管理操作；

2）Algorithm module 的算法管理，即进行各个协同过滤算法的增加、删除、参数配置等操作；

3）DBInf. config 的配置管理，即针对业务系统交易数据库和 Web 服务器日志文件，设置数据库接口配置文件 DBInf. config 中的 SQL 代码和连接参数，以及设置 Web 服务器日志文件的读取路径等；

4）RecDB 的运行管理，即进行 RecDB 的启动、暂停、停止等管理操作。

6.1.2.4　监控代理

监控代理（Monitor Agent）的主要功能是即时获取用户登录及访问信息，并返回推荐结果。一旦察知某用户到达网站，监控代理会将该用户的 ID 等数据连同一个推荐请求发送给 RecEngine，由 RecEngine 进行推荐计算并返回 HTML 格式的推荐结果，监控代理得到该 HTML 文件后就将该文件反馈给相应的用户。

综上所述，ECRec 的功能结构图如图 6.3 所示。

6.1.3　系统内存处理设计

为了提高算法的可扩展性，许多协同过滤算法通常采用离线计算用户／项目相似性的方法，即预先根据用户对项目的评分数据来生成用户 - 项目评分矩阵，再基于评分矩阵将用户／项目之间的相似性计算出来并保存在系统中，以供算法调用。但目前在实现协同过滤算法的过程中，通常采用二维数组来保存用户 - 项目评分矩阵元素，而高维、稀疏的用户 - 项目评分矩阵需要较大的内存空间 $O(n^2)$（n 为项目总数）[32]，因此在应用中存在以下三点缺陷：

1）对电子商务站点服务器的内存能力要求较高；

2）用户 - 项目评分矩阵中大量的零元素将造成服务器内存空间的浪费，导致电子商务站点的运营成本上升，影响网站的销售利润；

3）最重要的是，包含大量零元素的二维数组将导致协同过滤算法的计算时间增加，对推荐实时性产生负面影响。因此，"减少文本存储空间及 I/O 需求也是设计相似度计算算法必须考虑的一个重要问题"[207]。

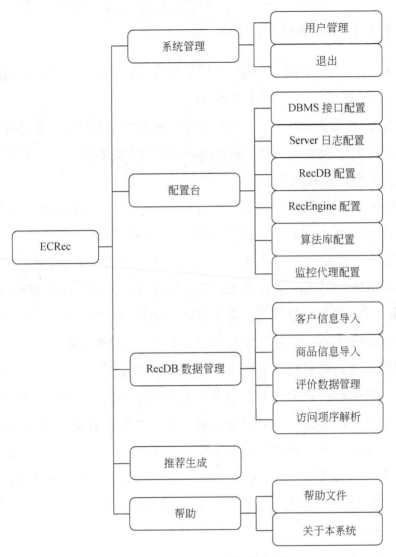

图 6.3 ECRec 的功能结构图

针对上述问题，本书将已被证明非常有效和成熟的数据结构 —— 十字链表[208] 引入到协同过滤推荐系统的设计中，即在内存中采用十字链表结构对用户 – 项目评分矩阵进行压缩，从而大幅度降低服务器内存空间的占用，以有效提高算法运行效率。

6.1.3.1　十字链表的结构

定义 6.1（压缩存储）　压缩存储是指为高阶矩阵中多个值相同的元只分配一个存储空间；对零元不分配空间。

定义 6.2（稀疏矩阵）　若矩阵中非零元很少且值相同的元素或者零元素在矩阵中的分布没有规律，则称此类矩阵为稀疏矩阵。用户 – 项目评分矩阵就是典型的稀疏矩阵。

十字链表属于稀疏矩阵的一种压缩存储技术，其结构非常灵活，适用于像协同过滤中用户 – 项目评分矩阵这种非零元个数不断变动的矩阵。在十字链表中，每个非零元可用一个含 5 个域的结点表示，其中 i、j、e 这 3 个域分别表示该非零元的值及其所在行、列；向右域 right 用以链接同一行中下一个非零元；向下域 down 用以链接同一列中下一个非零元。稀疏矩阵中同一行的非零元通过向右域 right 链接成一个线性链表，同一列的非零元则通过向下域 down 链接成一个线性链表。因此，每个非零元既是某个行链表中的一个结点，又是某个列链表中的一个结点，使得整个稀疏矩阵形成一个十字交叉的链表，故称这样的存储结构为十字链表，可用两个分别存储行链表头指针和列链表头指针的一维数组来表示。从十字链表存储结构的行（列）来看，各自需要一个数组存放行（列）单链的第 1 个结点，最多会有 $m + n$（因为用户 – 项目评分矩阵为 $m \times n$ 阶）条链。

一个典型的十字链表示例如图 6.4 所示。

6.1.3.2　十字链表的存储效率

十字链表的大小依赖于稀疏矩阵中非零元的个数。用十字链表来表示评分矩阵中的非零元素，相对于采用数组来表示非零元素，所占用的内存空间更多。这就涉及一个问题：在何种情况下采用十字链表来保存稀疏矩阵比数组方法的空间效率更高？

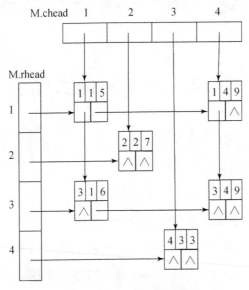

图 6.4　十字链表示例

上述问题可求解如下。

Step 1：假设一个非零元占用空间为 2 个字节，其所在行、所在列的信息分别占用 2 个字节，向右域 right 域和向下域 down 域分别占用 4 个字节，则在十字链表存储结构中的每个非零元所需存储空间为 14 个字节，而一个 $m \times n$ 阶用户 – 项目评分矩阵所需存储空间为 $2mn$ 个字节。

Step 2：令 x 为 $m \times n$ 阶用户 – 项目评分矩阵中非零元所占百分比，则可建立方程如下：

$$14xmn \ < \ 2mn \tag{6.1}$$

由式(6.1) 可解出当 $x < 1/7$ 时，即当用户 – 项目评分矩阵中非零元不超过 14.28% 时，采用十字链表结构在存储空间上更有效率。由于实际的电子商务网站中用户评分数量通常在 1% 以下[32]，因此十字链表是非常适合用于协同过滤推荐算法的稀疏矩阵存储技术。求解完毕。

在十字链表中查找某个元素时，既可以顺其所在行遍历，也可以顺其所在列遍历，因此所需最大查找时间为 $O(s)$，其中 s 为该元素所在行

（列）上的非零元个数。如果未能查找到该元素，则表明该元素为 0 或者不存在。

6.2 ECRec 的实现

ECRec 的系统开发环境如下。

1）程序设计工具：PowerBuilder 9.0；

2）运行平台：Windows XP 操作系统；

3）数据库管理系统：MS SQL Server 2000。

PowerBuilder 是美国著名的数据库和系统集成厂商 Sybase 公司推出的数据库应用系统开发工具。PowerBuilder 的第一个版本于 1991 年 6 月正式面市，它采用面向对象技术、图形化的开发环境、第四代(4GL) 编程语言，可以使应用程序的开发效率更快、成本更低、质量更高、功能更强，一经推出就受到广大开发人员的欢迎。经过十多年的不断改进和完善，PowerBuilder 已经成为开发 C/S 模式的数据库应用系统首选开发工具。在国内，PowerBuilder 在银行、铁路、电力、电信等大型企业的 MIS(management information system，管理信息系统) 开发中均占有较大比重。

本章选择 PowerBuilder 作为开发工具的重要原因在于，PowerBuilder 具有其他开发工具无可比拟的数据窗口技术。数据窗口是 PowerBuilder 中最重要也最有特色的对象，PowerBuilder 能够在数据库应用系统开发工具中处于领先地位，就在于拥有获得专利的数据窗口技术。PowerBuilder 数据窗口的功能非常强大，几乎封装了所有数据操作，如数据检索、编辑、更新、定义显示风格、编辑风格、有效性检验等，既可以操纵数据又可以作为报表使用，即通过在数据窗口中添加各种控件，对数据进行过滤、分组，生成统计报表和统计图，甚至生成 Web 数据窗口组件在 Web 上显示。由于协同过滤的计算涉及对数据库数据的大量读取、统计和分析操作，因此 PowerBuilder 是本书实现协同过滤算法的理想开发工具。

在实际运行环境中，ECRec 是作为电子商务网站的服务器端程序，运行于网站服务器上。用户在客户端则直接得到 ECRec 给出的推荐结果。在ECRec 中，编程实现了表 6.2 列出的 6 个协同过滤算法，包括 2 个协同过滤基本算法(user – based CF、item – based CF)和第 3 ~ 5 章提出的 4 个改进算法(DNN – based CF、RS – based CF、UAIS – based CF、IUIB – based CF)。

图 6.5 ~ 图 6.8 是 ECRec 的部分运行界面。

图 6.5　ECRec 主窗口

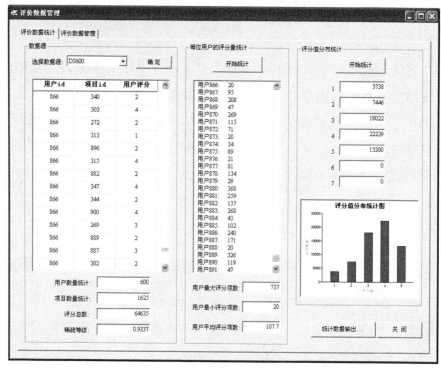

图 6.6 "评价数据管理"窗口

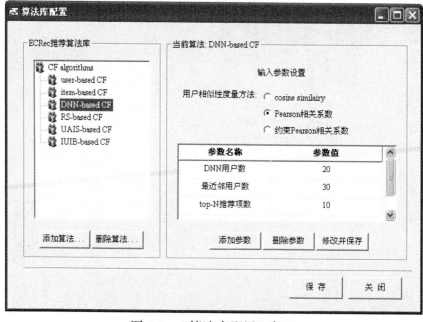

图 6.7 "算法库配置"窗口

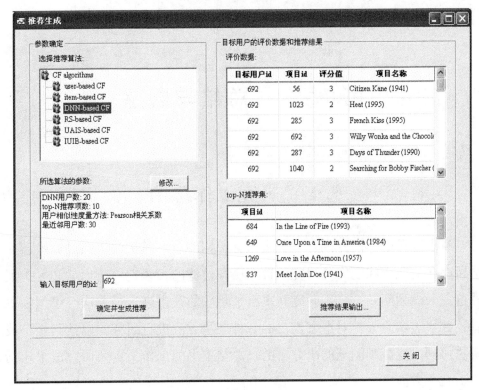

图 6.8 "推荐生成"窗口

6.3 本 章 小 结

本章在前文研究工作的基础上，设计并实现了一个电子商务协同过滤原型系统 ECRec。在 ECRec 中，编程实现了6个协同过滤算法，包括2个协同过滤基本算法(user – based CF、item – based CF) 以及第3~5章提出的4个改进算法(DNN – based CF、RS – based CF、UAIS – based CF、IUIB – based CF)。ECRec 独立于电子商务业务系统，具有良好的可移植性、可维护性和开放式架构特征。

第7章　总结与展望

7.1　研究工作总结

本书针对电子商务推荐系统中广泛使用的、最成功的协同过滤推荐方法所存在的瓶颈问题展开研究。针对协同过滤的稀疏性、冷启动和可扩展性这三大瓶颈问题，分别研究并提出了相应的改进理论、方法、模型和机制，并通过实验分析对本书提出的各种理论方法进行研究，以达到缓解或解决协同过滤瓶颈问题的研究目的。总结本书的工作，主要研究成果包括以下几个方面：

1）对协同过滤的国内外研究现状进行了全面的梳理和综述，在此基础上对协同过滤瓶颈问题进行了提炼。

2）针对协同过滤的稀疏性问题，在指出基于项目评分预测的协同过滤推荐算法对用户最近邻搜寻不够准确以及存在不必要计算耗费的基础上，提出了基于领域最近邻的 KNN 法和基于 Rough 集理论的 KNN 法。基于领域最近邻的 KNN 法以非目标用户类型区分理论为基础，从而将用户评分项并集中的非目标用户区分为无推荐能力和有推荐能力两种类型，对于无推荐能力用户不再计算其与目标用户的相似性，从而提高算法效率和改善推荐实时性；对于有推荐能力用户，则在其与目标用户存在共同评分项类时提出领域最近邻理论对用户评分项并集中的未评分项进行评分预测，从而使最近邻搜寻更加准确。实验结果表明，基于领域最近邻的 KNN 法能有效提高推荐质量。由于用户评分数据在极端稀疏的情况下可能会使

— 140 —

得领域最近邻的用户相似性过低，对此本书提出了一种基于 Rough 理论的用户评分项并集未评分值填补方法，该方法能有效实现用户评分项并集的完备化，从而可以将其应用于协同过滤评分矩阵的未评分值估算，对领域最近邻理论作出了有效补充。实验结果表明，基于 Rough 集理论的 KNN 法在评分预测质量和 top – N 推荐质量两方面均优于传统最近邻算法和基于项目评分预测的协同过滤算法。

3）针对协同过滤的冷启动问题，对冷启动中最主要的新用户问题提出了一种消除方法。首先，提出了用户访问项序理论，即通过 Web 日志来获取用户访问项序，采用 n 序访问解析逻辑将其分解为用户访问子序集；在此基础上设计了用户访问项序的相似性计算方法来搜寻新用户的最近邻集合，提出改进的最频繁项提取算法 IMIEA 来获取最近邻用户的最频繁项，进而得到面向新用户的 top – N 推荐；然后，基于最近邻用户与新用户的用户访问项序集合建立 Markov 链模型，从而实现对新用户下一步访问商品项的导航推荐。实验结果表明，上述方法能够有效消除冷启动中的新用户问题。

4）针对协同过滤的可扩展性问题，提出了一种适应用户兴趣变化的协同过滤增量更新机制。在当前用户提交项目评分后，推荐系统的增量更新处理程序被触发，从而实时完成相应项目与其他项目的相似性数据更新，在此基础上系统可以基于最新的项目相似性数据进行推荐处理以适应用户兴趣偏好的动态变化，从而消除了传统协同过滤在每次进行推荐计算时无法避免的扫描全体项目空间的计算耗费，适合在线应用的需求。实验结果表明，上述增量更新机制能够有效提高协同过滤可扩展性。

5）在本书提出的上述理论和方法基础上，设计并实现了一个电子商务协同过滤原型系统 ECRec。ECRec 实现了本书提出的改进方法，并且在结构上独立于电子商务业务系统，具有良好的可移植性和可维护性。此外，ECRec 内嵌了面向其他协同过滤算法的接口，电子商务网站可以根据需要向 ECRec 中增加更多的算法模块，这使得 ECRec 具有了开放式架构的特征。

7.2　未来研究展望

今后的进一步研究工作将主要在以下几个方面展开：

1) 将基于内容的过滤与协同过滤进行深入结合。基于内容的过滤能够进行项目内容识别，从而通过用户描述文件在一定程度上缓解协同过滤稀疏性问题。较早提出的 Fab、GroupLens 等推荐系统已成功利用 agent 技术进行内容过滤，但还需要进一步改进和提高 agent 在推荐过程中的功能，如怎样实现 Sarwar[9] 提出的基于自然选择规则来淘汰 agent 群体中的无效 agent。对此，可以考虑使用遗传算法(genetic algorithm)、交互式进化计算(interactive evolutionary computation)、基于范例的推理(case - based reasoning) 等方法。

2) 建立有效的评分激励机制。Sarwar[105] 等明确指出，由于缺乏利他主义者，因此有必要制定报酬机制来鼓励用户给出评价。通过有效的评分激励机制，可以促使用户提供更多的、高可信度的评分，在缓解稀疏性的同时也有助于推荐系统朝着良性循环的方向发展。

3) 设计面向冷启动中新项目问题的消除策略和方法。冷启动问题包括新用户问题和新项目问题，本书只研究了前者。对于新项目问题，还需进一步设计更好的推荐受众搜寻策略。

4) 分布式计算技术的引入。电子商务推荐系统结构的总体技术发展趋势是从当前的集中式向分布式转换。随着 P2P(Peer - to - Peer) 技术的不断发展，通过充分发挥对等节点的分布式计算优势，可以大大减轻服务器的计算压力，提高协同过滤可扩展性。

5) 基于形式概念分析的最近邻搜寻。Wille 在 1982 年提出形式概念分析后，概念格被认为是数据分析的有力工具，并已在很多领域得到成功的应用，如知识发现、软件工程、信息检索和数据挖掘等[209]。爱尔兰学者 Boucher – Ryan[210] 等借助形式概念分析(formal concept analysis，FCA) 理论来建立用户 – 项目评分矩阵的概念格，并以此为索引来提高最近邻搜寻速度，从而为解决协同过滤可扩展性问题提供了新的方法和途径。

总而言之，推荐系统的研究，从早期提出的混合推荐系统(hybrid recommender systems)[87, 211]，到近来的上下文感知推荐系统、移动推荐系统、基于位置的推荐系统等，需要处理的数据类型和数据量都在不断增加。在可预见的将来，推荐系统仍然会是信息时代的一个主流研究课题。

参 考 文 献

[1] 中国互联网络信息中心. 第 36 次中国互联网络发展状况统计报告. 北京: 中国互联网络信息中心, 2015-07-22.

[2] 中国互联网络信息中心. 2014 年中国网络购物市场研究报告. 北京: 中国互联网络信息中心, 2015-09-09.

[3] Borchers A, Herlocker J, Konstan J, et al. Ganging up on information overload. Computer, 1998, 31(4): 106-108.

[4] Schafer J B, Konstan J A, Riedl J. Recommender systems in e-commerce. In: Proceedings of the 1st ACM Conference on Electronic Commerce. New York: ACM Press, 1999: 158-166.

[5] Schafer J B, Konstan J A, Riedl J. E-commerce recommendation applications. Data Mining and Knowledge Discovery, 2001, 5(1-2): 115-153.

[6] Demiriz A. Enhancing product recommender systems on sparse binary data. Data Mining and Knowledge Discovery, 2004, 9(2): 147-170.

[7] Denning P J. Electronic Junk. Communications of the ACM, 1982, 25(3): 163-165.

[8] Pine B J. Mass customization. Boston: Harvard Business School Press, 1993.

[9] Sarwar B M. Sparsity, scalability, and distribution in recommender systems. Minneapolis, MN: University of Minnesota, 2001.

[10] Herlocker J, Konstan J A, Borchers A, et al. An algorithmic framework for performing collaborative filtering. In: Proceedings of the 22nd Annual International ACM SIGIR Conference on Research and Development in Information Retrieve. New York: ACM Press, 1999: 230-237.

[11] Linden G, Smith B, York J. Amazon. com recommendations: item-to-item collaborative filtering. IEEE Internet Computing, 2003, 7(1): 76-80.

[12] 维克托·迈尔·舍恩伯格, 肯尼思·库克耶. 大数据时代. 杭州: 浙江人民出版社, 2013.

[13] 刘建国, 周涛, 汪秉宏. 个性化推荐系统的研究进展. 自然科学进展, 19(1): 1-15.

[14] Das A, Datar M, Garg A. Google news personalization: scalable online collaborative filtering. In: Proceedings of the 16th International Conference on World Wide Web. New York: ACM Press, 2007: 271-280.

[15]Google Inc. Google Q3 2006 Earnings Call. http：//seekingalpha. com/article/18858-google-q3- 2006-earnings-call-transcript[2006-10-19].

[16]Decoste D, Gleich D, Kasturi T, et al. Recommender systems research at Yahoo! Research labs. In： Proceedings of the Beyond Personalization 2005 Workshop on the Next Stage of Recommender Systems Research, in conjunction with the 2005 International Conference on Intelligence User Interfaces (IUI 2005). 2005： 91-92.

[17]ParkS T, Pennock D M. Applying collaborative filtering techniques to movie search for better ranking and browsing. In： Proceedings of the 13th ACM SIGKDD International Conference on Knowledge Discovery and Data Mining. New York： ACM Press, 2007： 550-559.

[18]余力. 电子商务个性化推荐若干问题研究. 北京： 北京航空航天大学, 2004.

[19]Kim J K, Cho Y H, Kim W J, et al. A personalized recommendation procedure for internet shopping support. Electronic Commerce Research and Applications, 2002, 1(3- 4)： 301-313.

[20]Ha S H. Helping online customers decide through web personalization. IEEE Intelligent Systems, 2002, 17(6)： 34-43.

[21]Pennock D M, Horvitz E. Analysis of the axiomatic foundations of collaborative filtering. In： Proceedings of the AAAI Workshop on Artificial Intelligence for Electronic Commerce. Menlo Park, C A： AAAI Press, 1999： 27-32.

[22]Pennock D M, Horvitz E, Giles C L. Social choice theory and recommender systems： analysis of the axiomatic foundations of collaborative filtering. In： Proceedings of the 17th National Conference on Artificial Intelligence and 12th Conference on Innovative Applications of Artificial Intelligence. Menlo Park, C A： AAAI Press, 2000： 729-734.

[23]Yager R R. Fuzzy logic methods in recommender systems. Fuzzy Sets and Systems, 2003, 136(2)： 133-149.

[24]Iijima J, Ho S. Common structure and properties of filtering systems. Electronic Commerce Research and Applications, 2007, 6(2)： 139-145.

[25]Karypis G. Evaluation of item- based top- n recommendation algorithms. In： Proceedings of the 10th International Conference on Information and Knowledge Management. New York： ACM Press, 2001： 247-254.

[26]Deshpande M, Karypis G. Item-based top-n recommendation algorithms. ACM Transactions on Information Systems, 2004, 22(1)： 143-177.

[27] 余力，刘鲁，罗掌华. 我国电子商务推荐策略的比较分析. 系统工程理论与实践，2004，24(8)：96-101.

[28] Robu V，Poutré H L. Learning the structure of utility graphs used in multi-issue negotiation through collaborative filtering. In：Proceedings of the 8th International Pacific Rim Workshop on Multi-Agent Systems (PRIMA'2005). Springer-Verlag，2005：192-206.

[29] Greco G，Greco S，Zumpano E. Collaborative filtering supporting web site navigation. AI Communications，2004，17(3)：155-166.

[30] Torres R，McNee S M，Abel M，et al. Enhancing Digital Libraries with TechLens. In：Proceedings of the 2004 Joint ACM/IEEE Conference on Digital Libraries (JCDL'04). New York：ACM Press，2004：228-236.

[31] Hsu M H. A personalized English learning recommender system for ESL students. Expert Systems with Applications，2008，34(1)：683-688.

[32] Sarwar B，Karypis G，Konstan J，et al. Item-based collaborative filtering recommendation algorithms. In：Proceedings of the 10th International Conference on World Wide Web. New York：ACM Press，2001：285-295.

[33] Sarwar B，Karypis G，Konstan J，et al. Analysis of recommendation algorithms for E-commerce. In：Proceedings of the 2nd ACM Conference on Electronic Commerce. New York：ACM Press，2000：158-167.

[34] 曾春，邢春晓，周立柱. 个性化服务技术综述. 软件学报，2002，13(10)：1952-1961.

[35] Claypool M，Le P，Waseda M，et al. Implicit interest indicators. In：Proceedings of the 6th International Conference on Intelligent User Interfaces. New York：ACM Press，2001：33-40.

[36] Resnick P，Iacovou N，Suchak M，et al. Grouplens：an open architecture for collaborative filtering of netnews. In：Proceedings of the 1994 ACM on Computer Supported Cooperative Work. New York：ACM Press，1994：175-186.

[37] Konstan J A，Miller B N，Maltz D，et al. GroupLens：applying collaborative filtering to Usenet news. Communications of the ACM，1997，40(3)：77-87.

[38] Adomavicius G，Tuzhilin A. Toward the next generation of recommender systems：a survey of the state-of-the-art and possible extensions. IEEE Transactions on Knowledge and Data Engineering，2005，17(6)：734-749.

[39] Nichols D M. Implicit rating and filtering. In: Proceedings of the 5th DELOS Workshop on Filtering and Collaborative Filtering. Sophia Antipolis, France: ERCIM, 1997: 31-36.

[40] Oard D W, Kim J. Implicit feedback for recommender systems. In: Proceedings of the AAAI Workshop on Recommender Systems. Menlo Park, C A: AAAI Press, 1998: 80-82.

[41] Shahabi C, Chen Y S. An adaptive recommendation system without explicit acquisition of user relevance feedback. Distributed and Parallel Database, 2003, 14(2): 173-192.

[42] Papagelis M, Plexousakis D, Rousidis I, et al. Qualitative analysis of user-based and item-based prediction algorithms for recommendation systems. In: Proceedings of the 3rd Hellenic Data Management Symposium. 2004: 81-90.

[43] 马丽. 电子商务个性化推荐技术分析及比较. 计算机系统应用, 2008, 17(12): 58-61.

[44] Han J, Kamber M. Data Mining: concepts and techniques. 2nd Edition. San Francisco: Morgan Kaufmann Publishers, 2005.

[45] Agrawal R, Srikant R. Fast algorithms for mining association rules. In: Proceedings of the 20th International Conference on Very Large Databases. San Francisco: Morgan Kaufmann Publishers, 1994: 487-499.

[46] Park J S, Chen M S, Yu P S. An effective hash-based algorithm for mining association rules. In: Proceedings of the 1995 ACM SIGMOD Conference on Management of Data. New York: ACM Press, 1995: 175-186.

[47] Han J, Pei J, Yin Y. Mining frequent patterns without candidate generation. Simon Fraser University, Tech Rep: CMPT99-12, 1999.

[48] Agarwal R C, Aggarwal C C, Prasad V V V. A tree projection algorithm for generation of frequent itemsets. Journal Parallel and Distributed Computing, 2001, 61(3): 350-371.

[49] Mooney R J, Roy L. Content-based book recommending using learning for text categorization. In: Proceedings of the 5th ACM Conference on Digital Libraries. New York: ACM Press, 2000: 195-204.

[50] Bollacker K D, Lawrence S, Giles C L. Discovering relevant scientific literature on the web. IEEE Intelligence Systems, 2000, 15(2): 42-47.

[51] Chen L, Sycara K. WebMate: a personal agent for browsing and searching. In: Proceedings of the 2nd International Conference on Autonomous Agents. New York: ACM Press, 1998: 132-139.

[52]Shardanand U. Social information filtering for music recommendation. MIT Media Laboratory, Tech Rep: TR-94-04, 1994.

[53]Shardanand U, Maes P. Social information filtering: algorithms for automating "word of mouth". In: Proceedings of the 1995 ACM SIGCHI Conference on Human Factors in Computing Systems. New York: ACM Press, 1995: 210-217.

[54]Shahabi C, Banaei-Kashani F, Chen Y S, et al. Yoda: an accurate and scalable web-based recommendation system. In: Proceedings of the 6th International Conference on Cooperative Information Systems. London: Springer-Verlag, 2001: 418-432.

[55]Herlocker J, Konstan J A, Riedl J. An empirical analysis of design choices in neighborhood- based collaborative filtering algorithms. Information Retrieval, 2002, 5(4): 287-310.

[56]Maltz D, Ehrlich K. Pointing the way: active collaborative filtering. In: Proceedings of the SIGCHI Conference on Human Factors in Computing Systems. New York: ACM Press, 1995: 202-209.

[57]Balabanović M, Shoham Y. Fab: content- based, collaborative recommendation. Communications of the ACM, 1997, 40(3): 66-72.

[58]Goldberg D, Nichols D, Oki B M, et al. Using collaborative filtering to weave an information Tapestry. Communication of the ACM, 1992, 35(12): 61-70.

[59]Resnick P, Varian H R. Recommender systems. Communications of the ACM, 1997, 40(3): 56-58.

[60]Ansari A, Essegaier S, Kohli R. Internet recommender systems. Journal of Marketing Research, 2000, 37(3): 363-375.

[61]Koren Y. Collaborative filtering with temporal dynamics. Communications of the ACM, 2010, 53(4): 89-97.

[62]许海玲, 吴潇, 李晓东, 等. 互联网推荐系统比较研究. 软件学报, 2009, 20(2): 350-362.

[63]Rich E. User modeling via stereotypes. Cognitive Science, 1979, 3(4): 329-354.

[64]陈健, 印鉴. 基于影响集的协作过滤推荐算法. 软件学报, 2007, 18(7): 1685-1694.

[65]Guo H, Kreifelts T, Voss A. SOaP: social filtering through social agents. In: Proceedings of the ECRIM Workshop of the 5th DELOS Workshop on Filtering and Collaborative Filtering, 1997.

[66]Basu C, Hirsh H, Cohen W. Recommendation as classification: using social and content-based information in recommendation. In: Proceedings of the 15th National Conference on Artificial intelligence/Innovative Applications of Artificial Intelligence. Menlo Park, CA: AAAI Press, 1998: 714-720.

[67]Billsus D, Pazzani M J. Learning collaborative information filters. In: Proceedings of the 15th International Conference on Machine Learning. San Francisco: Morgan Kaufmann Publishers, 1998: 46-54.

[68]Alton-Scheidl R, Ekhall J, Geloven O V, et al. SELECT: social and collaborative filtering of web documents and news. In: Proceedings of the 5th ERCIM Workshop on User Interfaces for All: User-Tailored Information Environments. 1999: 23-37.

[69]Hofmann T, Puzieha J. Latent class models for collaborative filtering. In: Proceedings of the 16th International Joint Conference on Artificial Intelligence. San Francisco: Morgan Kaufmann Publishers, 1999: 688-693.

[70]Zanker M, Jannach D, Gordea S, et al. Comparing recommendation strategies in a commercial context. IEEE Intelligent Systems, 2007, 22(3): 69-73.

[71]Sarwar B M, Karypis G, Konstan J, et al. Recommender systems for large-scale e-commerce: scalable neighborhood formation using clustering. In: Proceedings of the 5th International Conference on Computer and Information Technology, 2002.

[72]余力, 刘鲁. 电子商务个性化推荐研究. 计算机集成制造系统, 2004, 10(10): 1306-1313.

[73]Terry D B. A tour through Tapestry. In: Proceedings of the Conference on Organizational Computing Systems. New York: ACM Press, 1993: 21-30.

[74]Maltz D A. Distributing information for collaborative filtering on Usenet net news. Massachusetts Institute of Technology, Tech Rep: MIT/LCS/TR-603, 1994.

[75]Miller B N, Riedl J T, Konstan J A. Experience with GroupLens: making Usenet useful again. In: Proceedings of the USENIX 1997 Annual Technical Conference. Berkeley, CA: USENIX, 1997: 219-231.

[76]孙小华. 协同过滤系统的稀疏性与冷启动问题研究. 杭州: 浙江大学博士学位论文, 2005.

[77]Rucker J, Polanco M J. SiteSeer: personalized navigation for the web. Communications of the ACM, 1997, 40(3): 73-75.

[78] Terveen L, Hill W, Amento B, et al. PHOAKS: a system for sharing recommendations. Communications of the ACM, 1997, 40(3): 59-62.

[79] Kautz H, Selman B, Shah M. Referral Web: combining social networks and collaborative filtering. Communications of the ACM, 1997, 40(3): 63-65.

[80] Pennock D M, Horvitz E, Lawrence S, et al. Collaborative filtering by personality diagnosis: a hybrid memory- and model- based approach. In: Proceedings of the 16th Conference on Uncertainty in Artificial Intelligence. San Francisco: Morgan Kaufmann Publishers, 2000: 473-480.

[81] Glance N, Arregui D, Dardenne M. Knowledge Pump: supporting the flow and use of knowledge//Borghoff U, Pareschi R. Information Technology for Knowledge Management. New York: Springer-Verlag, 1998: 35-45.

[82] Davidson J, Liebald B, Liu J, et al. The You Tube video recommendation system. In: Proceedings of the fourth ACM Conference on Recommender Systems. New York: ACM Press, 2010: 293-296.

[83] Hill W, Stead L, Rosenstein M, et al. Recommending and evaluating choices in a virtual community of use. In: Proceedings of the SIGCHI Conference on Human Factors in Computing Systems. New York: ACM Press, 1995: 194-201.

[84] Goldberg K, Roeder T, Gupta D, et al. Eigentaste: a constant time collaborative filtering algorithm. Information Retrieval, 2001, 4(2): 133-151.

[85] Nathanson T, Bitton E, Goldberg K. Eigentaste 5.0: constant- time adaptability in a recommender system using item clustering. In: Proceedings of the 2007 ACM conference on Recommender systems. New York: ACM Press, 2007: 149-152.

[86] Hauver D B, French J C. Flycasting: using collaborative filtering to generate a playlist for online radio. In: Proceedings of the 1st International Conference on Web Delivering of Music (WEDELMUSIC'01). Washington, DC: IEEE Computer Society Press, 2001: 123-130.

[87] Burke R. Hybrid recommender systems: survey and experiments. User Modeling and User-Adapted Interaction, 2002, 12(4): 331-370.

[88] Claypool M, Gokhale A, Miranda T. Combining content- based and collaborative filters in an online newspaper. In: Proceedings of the ACM SIGIR Workshop on Recommender Systems, 1999.

[89] Salter J, Antonopoulos N. Cinema Screen recommender agent: combining collaborative and

content-based filtering. IEEE Intelligent Systems, 2006, 21(1): 35-41.

[90] Anderson M, Ball M, Boley H, et al. RACOFI: a rule-applying collaborative filtering system. In: Proceedings of the IEEE/WIC COLA'03. 2003: 53-72.

[91] Kohrs A, Merialdo B. Creating user-adapted websites by the use of collaborative filtering. Interacting with Computers, 2001, 13(6): 695-716.

[92] Voss A, Kreifelts T. SOaP: social agents providing people with useful information. In: Proceedings of the International ACM SIGGROUP Conference on Supporting Group Work: the Integration Challenge. New York: ACM Press, 1997: 291-298.

[93] Hayes C, Cunningham P. Smart radio—community based music radio. Knowledge-Based Systems, 2001, 14(3-4): 197-201.

[94] Hayes C, Cunningham P. Context boosting collaborative recommendations. Knowledge-Based Systems, 2004, 17(2-4): 131-138.

[95] Ricci F, Nguyen Q N. Acquiring and revising preferences in a critique-based mobile recommender system. IEEE Intelligent Systems, 2007, 22(3): 22-29.

[96] Cho J, Kwon K, Park Y. Collaborative filtering using dual information sources. IEEE Intelligent systems, 2007, 22(3). 30-38.

[97] Li Q, Myaeng S H, Kim B M. A probabilistic music recommender considering user opinions and audio features. Information Processing and Management, 2007, 43(2): 473-487.

[98] 王卫平, 吴伦. 协同过滤在 CRM 交叉销售中的应用研究. 管理学报, 2007, 4(4): 436-441.

[99] Bridge D, Kelleher J. Experiments in sparsity reduction: using clustering in collaborative recommenders. In: Proceedings of the 13th Irish International Conference on Artificial Intelligence and Cognitive Science. London: Springer-Verlag, 2002: 144-149.

[100] Kelleher J, Bridge D. Rectree centroid: an accurate, scalable collaborative recommender. In: Proceedings of the 14th Irish Conference on Artificial Intelligence and Cognitive Science. 2003: 89-94.

[101] Park S T, Pennock D, Madani O, et al. Naïve filterbots for robust cold-start recommendations. In: Proceedings of the 12th ACM SIGKDD International Conference on Knowledge Discovery and Data Mining. New York: ACM Press, 2006: 699-705.

[102] Vozalis E, Margaritis K G. Analysis of recommender systems' algorithms. In: Proceedings of the 6th Hellenic European Research Conference on Computer Mathematics

and its Applications (HERCMA-2003), 2003.

[103] Huang Z, Chen H, Zeng D. Applying associative retrieval techniques to alleviate the sparsity problem in collaborative filtering. ACM Transaction on Information Systems, 2004, 22(1): 116-142.

[104] Good N, Schafer J B, Konstan J A, et al. Combining collaborative filtering with personal agents for better recommendations. In: Proceedings of the 16th National Conference on Artificial Intelligence and the 11th Innovative Applications of Artificial Intelligence Conference. Menlo Park, C A: AAAI Press, 1999: 439-446.

[105] Sarwar B M, Konstan J A, Borchers A, et al. Using filtering agents to improve prediction quality in the GroupLens research collaborative filtering system. In: Proceedings of the 1998 ACM Conference on Computer Supported Cooperative Work. New York: ACM Press, 1998: 345-354.

[106] 吴丽花, 刘鲁. 个性化推荐系统用户建模技术综述. 情报学报, 2006, 25(1): 55-62.

[107] Breese J S, Heckerman D, Kadie C. Empirical analysis of predictive algorithms for collaborative filtering. Microsoft Research, Tech Rep: MSR-TR-98-12, 1998.

[108] Tout K, Evans D J, Yakan A. Collaborative filtering: Special case in predictive analysis. International Journal of Computer Mathematics, 2005, 82(1): 1-11.

[109] Huang Z, Zeng D, Chen H. A Comparison of collaborative-filtering recommendation algorithms for E-commerce. IEEE Intelligent Systems, 2007, 22(5): 68-78.

[110] Liu N N, Zhao M, Xiang E, et al. Online evolutionary collaborative filtering. In: Proceedings of the 4th ACM Conference on Recommender Systems. New York: ACM Press, 2010: 95-102.

[111] Jin R, Chai J Y, Si L. An automatic weighting scheme for collaborative filtering: In: Proceedings of the 27th Annual International ACM SIGIR Conference on Research and Development in Information Retrieval. New York: ACM Press, 2004: 337-344.

[112] Wang J, Vries A P, Reinders M J T. Unifying user-based and item-based collaborative filtering approaches by similarity fusion. In: Proceedings of the 29th Annual International ACM SIGIR Conference on Research and Development in Information Retrieval. New York: ACM Press, 2006: 501-508.

[113] Gao M, Liu K, Wu Z F. Personalisation in web computing and informatics: Theories,

techniques, applications, and future research. Information Systems Frontiers, 2010, 12(5): 607-629.

[114] 李聪，梁昌勇，杨善林. 电子商务协同过滤稀疏性问题研究：一个分类视角. 管理工程学报，2011，25(1)：94-101.

[115] 李聪. 电子商务协同过滤可扩展性研究综述. 现代图书情报技术，2010，26(11)：37-41.

[116] Cacheda F, Carneiro V, Fernandez D, et al. Comparison of collaborative filtering algorithms: Limitations of current techniques and proposals for scalable, high-performance recommender systems. ACM Transactions on the Web, 2011, 5(1): Article 2.

[117] 刘鲁，任晓丽. 推荐系统研究进展及展望. 信息系统学报，2008，2(1)：82-90.

[118] Si L, Jin R. Unified filtering by combining collaborative filtering and content-based filtering via mixture model and exponential model. In: Proceedings of the 13th ACM International Conference on Information and Knowledge Management. New York: ACM Press, 2004: 156-157.

[119] 张锋，常会友. 使用BP神经网络缓解协同过滤推荐算法的稀疏性问题. 计算机研究与发展，2006，43(4)：667-672.

[120] 周军锋，汤显，郭景峰. 一种优化的协同过滤推荐算法. 计算机研究与发展，2004，41(10)：1842-1847.

[121] Zeng C, Xing C X, Zhou L Z. Similarity measure and instance selection for collaborative filtering. In: Proceedings of the 12th International Conference on World Wide Web. New York: ACM Press, 2003: 652-658.

[122] Zeng C, Xing C X, Zhou L Z, et al. Similarity measure and instance selection for collaborative filtering. International Journal of Electronic Commerce, 2004, 8(4): 115-129.

[123] Rennie J D M, Srebro N. Fast maximum margin matrix factorization for collaborative prediction. In: Proceedings of the 22nd International Conference on Machine Learning. New York: ACM Press, 2005: 713-719.

[124] DeCoste D. Collaborative prediction using ensembles of maximum margin matrix factorizations. In: Proceedings of the 23rd International Conference on Machine Learning. New York: ACM Press, 2006: 249-256.

[125] Wu M. Collaborative prediction via ensembles of matrix factorizations. In: Proceedings of

the 13th ACM SIGKDD International Conference on Knowledge Discovery and Data Mining (KDD Cup and Workshop 2007). 2007: 43-47.

[126]Zhang S, Wang W, Ford J, et al. Learning from incomplete ratings using non-negative matrix factorization. In: Proceedings of the 6th SIAM Conference on Data Mining, 2006: 549-553.

[127] 吴湖, 王永吉, 王哲, 等. 两阶段联合聚类协同过滤算法. 软件学报, 2010, 21(5): 1042-1054.

[128]Sarwar B M, Konstan J A, Borchers A, et al. Applying knowledge from KDD to recommender systems. University of Minnesota, Tech Rep: 99-013, 1999.

[129]Sarwar B M, Karypis G, Konstan J A, et al. Application of dimensionality reduction in recommender system—A case study. University of Minnesota, Tech Rep: TR 00-043, 2000.

[130]Deerwester S, Dumais S T, Furnas G W, et al. Indexing by latent semantic analysis. Journal of the American Society for Information Science, 1990, 41(6): 391-407.

[131]Sarwar B, Karypis G, Konstan J, et al. Incremental singwlar value decomposition algorithms for highly scaleable recommender systems. In: Proceedings of the 5th International Conference on Computer and Information Technology, 2002.

[132] 赵亮, 胡乃静, 张守志. 个性化推荐算法设计. 计算机研究与发展, 2002, 39(8): 986-991.

[133]Vozalis M G, Margaritis K G. Using SVD and demographic data for the enhancement of generalized collaborative filtering. Information Sciences, 2007, 177(15): 3017-3037.

[134]Kim D, Yum B J. Collaborative filtering based on iterative principal component analysis. Expert Systems with Applications, 2005, 28: 823-830.

[135]Honda K, Ichihashi H. Component-wise robust linear fuzzy clustering for collaborative filtering. International Journal of Approximate Reasoning, 2004, 37(2): 127-144.

[136]Honda K, Hidetomo I, Notsu A. A sequential learning algorithm for collaborative filtering with linear fuzzy clustering. In: Proceedings of the 2006 IEEE International Conference on Systems, Man, and Cybernetics, 2006: 1056-1061.

[137] 王自强, 冯博琴. 个性化推荐系统中遗漏值处理方法的研究. 西安交通大学学报, 2004, 38(8): 808-810.

[138]Papagelis M, Plexousakis D, Kutsuras T. Alleviating the sparsity problem of collaborative

filtering using trust inferences. In: Proceedings of the iTrust 2005, LNCS3477. Berlin: Springer-Verlag, 2005: 224-239.

[139] Aggarwal C C. On the effects of dimensionality reduction on high dimensional similarity search. In: Proceedings of the 20th ACM SIGMOD-SIGACT-SIGART Symposium on Principles of Database Systems. New York: ACM Press, 2001: 256-266.

[140] 邓爱林, 朱扬勇, 施伯乐. 基于项目评分预测的协同过滤推荐算法. 软件学报, 2003, 14(9): 1621-1628.

[141] 邓爱林, 左子叶, 朱扬勇. 基于项目聚类的协同过滤推荐算法. 小型微型计算机系统, 2004, 25(9): 1665-1670.

[142] Aggarwal C C, Wolf J L, Wu K L, et al. Horting hatches an egg: a new graph-theoretic approach to collaborative filtering. In: Proceedings of the 5th ACM SIGKDD International Conference on Knowledge Discovery and Data Mining. New York: ACM Press, 1999: 201-212.

[143] 邓爱林. 电子商务推荐系统关键技术研究. 上海: 复旦大学博士学位论文, 2003.

[144] Rashid A M, Albert I, Cosley D, et al. Getting to know you: learning new user preferences in recommender systems. In: Proceedings of the 7th International Conference on Intelligence User Interfaces. New York: ACM Press, 2002: 127-134.

[145] Kohrs A, Merialdo B. Improving collaborative filtering for new-users by smart object selection. In: Proceedings of International Conference on Media Features, 2001.

[146] Yu K, Schwaighofer A, Tresp V, et al. Probabilistic memory-based collaborative filtering. IEEE Transactions on Knowledge and Data Engineering, 2004, 16(1): 56-69.

[147] Rashid A M, Lam S K, Karypis G, et al. ClustKNN: a highly scalable hybrid model- & memory-based CF algorithm. In: Proceedings of the WebKDD 2006: KDD Workshop on Web Mining and Web Usage Analysis, in conjunction with the 12th ACM SIGKDD International Conference on Knowledge Discovery and Data Mining (KDD 2006), 2006.

[148] Ungar L H, Foster D P. Clustering methods for collaborative filtering. In: Proceedings of the Workshop on Recommendation Systems at the 15th National Conference on Artificial Intelligence. Menlo Park, C A: AAAI Press, 1998: 112-125.

[149] Zhang F, Chang H. A collaborative filtering algorithm employing genetic clustering to ameliorate the scalability issue. In: Proceedings of the IEEE International Conference on e-Business Engineering (ICEBE'06). Washington, DC: IEEE Computer Society Press,

2006：331-338.

[150] Birtolo C, Ronca D. Advances in clustering collaborative filtering by means of fuzzy c-means and trust. Expert Systems with Applications, 2013, 40(17)：6997-7009.

[151] Tsai C F, Hung C. Cluster ensembles in collaborative filtering recommendation. Applied Soft Computing, 2012, 12(4)：1417-1425.

[152] 李涛, 王建东, 叶飞跃, 等. 一种基于用户聚类的协同过滤推荐算法. 系统工程与电子技术, 2007, 29(7)：1178-1182.

[153] Chee S H S, Han J, Wang K. RecTree：an efficient collaborative filtering method. In：Proceedings of the 3rd International Conference on Data Warehousing and Knowledge Discovery. London：Springer-Verlag, 2001：141-151.

[154] Yu K, Xu X, Tao J, et al. Instance selection techniques for memory-based collaborative filtering. In：Proceedings of the 2nd SIAM International Conference on Data Mining (SDM'02), 2002：59-74.

[155] Xue G R, Lin C, Yang Q, et al. Scalable collaborative filtering using cluster-based smoothing. In：Proceedings of the 28th Annual International ACM SIGIR conference on Research and Development in Information Retrieval. New York：ACM Press, 2005：114-121.

[156] 李晓艳, 张子刚, 张逸石. 集成 k-means 聚类和有监督特征选择的混合式协同过滤推荐. 管理学报, 2013, 10(9)：1362-1367.

[157] 陈全, 张玲玲, 石勇. 基于领域知识的个性化推荐模型及其应用研究. 管理学报, 2012, 9(10)：1505-1509.

[158] 谢海涛, 孟祥武. 适应用户需求进化的个性化信息服务模型. 电子学报, 2011, 39(3)：643-648.

[159] O'Conner M, Herlocker J. Clustering items for collaborative filtering. In：Proceedings of the ACM SIGIR Workshop on Recommender Systems, 1999.

[160] Kim B M, Li Q. Probabilistic model estimation for collaborative filtering based on items attributes. In：Proceedings of the 2004 IEEE/WIC/ACM International Conference on Web Intelligence. Washington, D C：IEEE Computer Society Press, 2004：185-191.

[161] Kohrs A, Merialdo B. Clustering for collaborative filtering applications. In：Proceedings of the International Conference on Computational Intelligence for Modelling Control and Automation. Amsterdam, Netherlands：IOS Press, 1999：199-204.

[162]Symeonidis P, Nanopoulos A, Papadopoulos A, et al. Nearest-Biclusters collaborative filtering. In: Proceedings of WebKDD 2006: KDD Workshop on Web Mining and Web Usage Analysis, in conjunction with the 12th ACM SIGKDD International Conference on Knowledge Discovery and Data Mining (KDD 2006). 2006: 36-55.

[163]Castro P A D, Franca F O. Evaluating the performance of a biclustering algorithm applied to collaborative filtering – a comparative analysis. In: Proceedings of the 7th International Conference on Hybrid Intelligent Systems. Washington, DC: IEEE Computer Society Press, 2007: 65-70.

[164]George T, Merugu S. A scalable collaborative filtering framework based on co-clustering. In: Proceedings of the 5th IEEE International Conference on Data Mining. Washington, DC: IEEE Computer Society Press, 2005: 625-628.

[165]Khoshneshin M, Street W N. Incremental collaborative filtering via evolutionary co-clustering. In: Proceedings of the 4th ACM Conference on Recommender systems. New York: ACM Press, 2010: 325-328.

[166] 王瑞琴, 孔繁胜. 基于多数据源和联合聚类的智能推荐. 模式识别与人工智能, 2008, 21(6): 775-781.

[167]Altingovde I S, Subakan ö N, Ulusoy ö. Cluster searching strategies for collaborative recommendation systems. Information Processing and Management, 2013, 49(3): 688-697.

[168]Hoffman T. Latent semantic models for collaborative filtering. ACM Transactions on Information Systems, 2004, 22(1): 89-115.

[169] 李超然, 徐雁斐, 张亮. 协同推荐 pLSA 模型的动态修正. 计算机工程, 2005, 31(20): 46-48.

[170] 张亮, 李敏强. 面向协同过滤的真实偏好高斯混合模型. 系统工程学报, 2007, 22(6): 613-619.

[171]Chen Y H, George E I. A Bayesian model for collaborative filtering. In: Proceedings of the 7th International Workshop on Artificial Intelligence and Statistics. San Francisco: Morgan Kaufmann Publishers, 1999.

[172]Miyahara K, Pazzani M J. Collaborative filtering with the simple Bayesian classifier. In: Proceedings of the 6th Pacific Rim International Conference on Artificial Intelligence. 2000: 679-689.

[173] Kuwata S, Ueda N. One-shot collaborative filtering. In: Proceedings of the 2007 IEEE Symposium on Computational Intelligence and Data Mining. Piscataway, NJ: IEEE Press, 2007: 300-307.

[174] Vozalis M G, Margaritis K G. Applying SVD on item-based filtering. In: Proceedings of the 5th International Conference on Intelligent System Design and Applications. Washington, DC: IEEE Computer Society Press, 2005: 464-469.

[175] DingY, Li X. Time weight collaborative filtering. In: Proceedings of the 14th ACM International Conference on Information and Knowledge Management. New York: ACM Press, 2005: 485-492.

[176] 邢春晓, 高凤荣, 战思南, 等. 适应用户兴趣变化的协同过滤推荐算法. 计算机研究与发展, 2007, 44(2): 296-301.

[177] Ma H, King I, Lyu M R. Effective missing data prediction for collaborative filtering. In: Proceedings of the 30th Annual International ACM SIGIR Conference on Research and Development in Information Retrieval. New York: ACM Press, 2007: 39-46.

[178] Yu K, Xu X, Ester M, et al. Selecting relevant instances for efficient and accurate collaborative filtering. In: Proceedings of the 10th International Conference on Information and Knowledge Management. New York: ACM Press, 2001: 239-246.

[179] Yu K, Wen Z, Xu X, et al. Feature weighting and instance selection for collaborative filtering. In: Proceedings of the 12th International Workshop on Database and Expert Systems Applications. Washington, DC: IEEE Computer Society Press, 2001: 285-290.

[180] Yu K, Xu X, Schwaighofer A, et al. Removing redundancy and inconsistency in memory-based collaborative filtering. In: Proceedings of the 11th International Conference on Information and Knowledge Management. New York: ACM Press, 2002: 52-59.

[181] Yu K, Xu X, Ester M, et al. Feature weighting and instance selection for collaborative filtering: an information-theoretic approach. Knowledge and Information systems, 2003, 5(2): 201-224.

[182] Lemire D, Maclachlan A. Slope one predictors for online rating-based collaborative filtering. In: Proceedings of the 5th SIAM International Conference on Data Mining, 2005: 471-476.

[183] Vucetic S, Obradovic Z. A regression-based approach for scaling-up personalized recommender systems in e-commerce. In: Proceedings of the Web Mining for E-Commerce

Workshop at the 6th ACM SIGKDD International Conference on Knowledge Discovery and Data Mining, 2000.

[184] Vucetic S, Obradovic Z. Collaborative filtering using a regression- based approach. Knowledge and Information Systems, 2005, 7(1): 1-22.

[185] Ahn H J. A new similarity measure for collaborative filtering to alleviate the new user cold-starting problem. Information Sciences, 2008, 178(1): 37-51.

[186] 刘建国, 周涛, 郭强, 等. 个性化推荐系统评价方法综述. 复杂系统与复杂性科学, 2009, 6(3): 1-10.

[187] Koren Y. Tutorial on recent progress in collaborative filtering. In: Proceedings of the 2008 ACM conference on Recommender Systems. New York: ACM Press, 2008: 333.

[188] Herlocker J L, Konstan J A, Terveen L G, et al. Evaluating collaborative filtering recommender systems. ACM Transactions on Information Systems, 2004, 22(1): 5-53.

[189] García-Cumbreras M Á, Montejo-Ráez A, Díaz-Galiano M C. Pessimists and optimists: Improving collaborative filtering through sentiment analysis. Expert Systems with Applications, 2013, 40(17): 6758-6765.

[190] Pawlak Z. Rough sets. International Journal of Computer and Information Sciences, 1982, 11(5): 341-356.

[191] Slowinski R, Stefanowski J. Handing various types of uncertainty in the rough set approach. In: Proceedings of the International Workshop on Rough Sets and Knowledge Discovery: Rough Sets, Fuzzy Sets and Knowledge Discovery. London: Springer- Verlag, 1993: 366-376.

[192] 杨善林. 智能决策方法与智能决策支持系统. 北京: 科学出版社, 2005.

[193] Slowinski R, Vanderpooten D. A generalized definition of rough approximations based on similarity. IEEE Transactions on Knowledge and Data Engineering, 2000, 12(2): 331-336.

[194] 李登峰. 模糊多目标多人决策与对策. 北京: 国防工业出版社, 2003.

[195] Yan T W, Jacobsen M, Garcia- Molina H, et al. From user access patterns to dynamic hypertext linking. Computer Networks and ISDN Systems, 1996, 28(7-11): 1007-1014.

[196] Shahabi C, Zarkesh A M, Adibi J, et al. Knowledge discovery from users web- page navigation. In: Proceedings of the 7th International Workshop on Research Issues in Data Engineering (RIDE'97). Washington, DC: IEEE Computer Society, 1997: 20-29.

[197]Mobasher B, Cooley R, Srivastava J. Creating adaptive web sites through usage-based clustering of URLs. In: Proceedings of the 1999 Workshop on Knowledge and Data Engineering Exchange. Washington, DC: IEEE Computer Society, 1999: 19-25.

[198]Nasraoui O, Frigui H, Joshi A, et al. Mining web access logs using relational competitive fuzzy clustering. In: Proceedings of the 8th International Fuzzy Systems Association World Congress. London: Springer-Verlag, 1999.

[199]王实, 高文, 李锦涛, 等. 路径聚类: 在 Web 站点中的知识发现. 计算机研究与发展, 2001, 38(4): 482-486.

[200]Büchner A G, Mulvenna M D. Discovering internet marketing intelligence through online analytical web usage mining. ACM SIGMOD Record, 1998, 27(4): 54-61.

[201]史忠植. 知识发现. 北京: 清华大学出版社, 2002.

[202]Levenshtein V I. Binary codes capable of correcting deletions, insertions, and reversals. Soviet Physics-Doklady, 1966, 10(8): 707-710.

[203]龚光鲁, 钱敏平. 应用随机过程教程及在算法和智能计算中的随机模型. 北京: 清华大学出版社, 2004.

[204]邢永康, 马少平. 多 Markov 链用户浏览预测模型. 计算机学报, 2003, 26(11): 1510-1517.

[205]Papagelis M, Rousidis I, Plexousakis D, et al. Incremental collaborative filtering for highly-scalable recommendation algorithms. In: Proceedings of ISMIS 2005, LNAI 3488. Berlin: Springer-Verlag, 2005: 553-561.

[206]Rosenthal R, Rosnow R. Essentials of behavioral research: methods and data and analysis. 2nd Edition. New York: McGraw-Hill, 1991.

[207]霍华, 冯博琴. 基于压缩稀疏矩阵矢量相乘的文本相似度计算. 小型微型计算机系统, 2005, 26(6): 988-990.

[208]严蔚敏, 吴伟民. 数据结构(C语言版). 北京: 清华大学出版社, 2002.

[209]谢润, 裴峥, 何昌莲. 属性添加情况下的概念格重构算法. 系统工程学报, 2007, 22(4): 426-431.

[210]Boucher-Ryan P D, Bridge D. Collaborative recommending using formal concept analysis. Knowledge-Based Systems, 2006, 19(5): 309-315.

[211]洪文兴, 翁洋, 朱顺痣, 等. 垂直电子商务网站的混合型推荐系统. 系统工程理论与实践, 2010, 30(5): 928-935.